CRIPTOVALUTE E BLOCKCHAIN NEL DECENNIO 2020-2030:

Come cavalcare l'onda del Bitcon, delle Altcoin e della Finanza Decentralizzata investendo anche pochi soldi

Flavio Simeri

N.B: I consigli dati in questo libro non vanno intesi come sollecitazione a investimenti o sollecitazione a pubblico risparmio.

INDICE

INTRODUZIONE

Ho realizzato questo lavoro in modo tale che il lettore possa utilizzarlo in due modi differenti:

Il primo modo è quello di aprire il testo a caso e leggere un singolo capitolo o paragrafo a suo piacimento poiché gli argomenti, anche se hanno una sequenza logica, non sono vincolati gli uni con gli altri.

In tal modo è come se sfogliassi una rivista dove scegli l'articolo che più ti interessa.

Il secondo modo è leggere il testo dall'inizio alla fine.

In tal modo sarai guidato in un piccolo viaggio nel modo delle criptovalute.

Quale sarà la tua scelta di come vorrai usare queste pagine, andrà comunque bene purchè riuscirai a capirlo e ad applicarlo in ogni suo dettaglio nella sua interezza.

Buona lettura.

IL BITCOIN È DAVVERO SIMILE AL RAME?

Secondo l'Head of Commodities Research di Goldman Sachs (Jeff Currie che è anche stato a capo della CNBC), il Bitcoin e le cripto-valute non sarebbero un'alternativa all'oro ma al rame.

Currie si esprime dunque sia sulle cripto-valute digitali che sui Bitcoin, ma bisognerà portare l'attenzione più su questi ultimi perché solo il Bitcoin ha natura deflattiva e dispone di una politica monetaria fissa, garantita e prevedibile, mentre le altre cripto-valute no.

Si può affermare che tutto ruota attorno al concetto di **copertura contro l'inflazione**, dunque si intende copertura dai rischi di inflazione.

Per chiarire questo limite è necessario concentrarsi sulla definizione di **inflazione**:

> L'inflazione si realizza con l'aumentare dei prezzi, ciò è direttamente proporzionale con la diminuzione di potere d'acquisto della moneta, ovviamente a parità di moneta.

Quando vi sono particolari rischi di inflazione, la prima azione degli investitori, in particolare di coloro che posseggono una gran quantità di moneta a disposizione, è "coprirsi", in un certo modo "sbarazzarsi" della moneta per acquistare degli **asset** che invece non perdano valore, a differenza della moneta.

Tuttavia, come fa notare Jeff Currie, esistono due tipi di inflazione:

- Inflazione **buona** – questa generalmente consiste nell'aumento del prezzo, che viene generato da una crescita di domanda del prodotto (più persone vogliono spendere e dunque si aumenta il prezzo per aumentare il guadagno sulla domanda);
- Inflazione **cattiva** – questa consiste nell'esatto contrario della buona,

poiché viene generata da una carenza di offerta a seguito della quale avviene l'aumento del prezzo.

Queste due tipologie di inflazione sono completamente differenti tra esse, infatti, mentre l'inflazione cosiddetta cattiva getta una luce pessimistica sul futuro a causa dell'aumento del prezzo e della poca produzione, quella buona è paradossalmente buona nella realtà dei fatti, perchè comporta che i consumatori siano disposti a spendere i propri soldi e genera, dunque, una luce ottimistica sul futuro.

Currie fa notare che quando lo scenario è **pessimistico,** gli investitori tendono a preferire di investire in asset maggiormente sicuri, detti anche **risk off** che significa letteralmente "a basso rischio".

È vero anche che gli asset a risk off perdono anche di meno, ciò vuol dire che in una situazione svantaggiosa, sarà meglio investire in questo modo, comprando oro per esempio, perché appunto si guadagna poco, ma si perde meno.

Questo avverrebbe se i soldi venissero semplicemente lasciati nel conto corrente a perdere potere d'acquisto a causa dell'inflazione cattiva.

È differente lo scenario dell'inflazione buona, dove gli investitori non si possono dire altrettanto felici poiché, come spiegato in precedenza, è vero che il rischio d'investimento è minore, ma in genere consente anche guadagni minori.

Preferiscono dunque optare per investimenti a **risk on** dunque ad alto rischio, solitamente associate a commodities come **rame** e **petrolio**.

Per parlare di Bitcoin, questa moneta non si colloca di certo nella categoria a risk off, non è un investimento sicuro; diremo quindi che il **Bitcoin è a risk on.**

Sebbene essa sia una copertura contro l'inflazione, non somiglia affatto all'oro poiché non è una copertura contro l'inflazione a basso rischio, adatta perciò a momenti pessimistici quando quest'ultima è cattiva.

Al contrario il Bitcoin si adatta alla copertura per l'inflazione risk on, ad alto rischio, poiché può potenzialmente dare, a chi investe o lo utilizza, maggiori guadagni in uno scenario di inflazione buona e si dispone dunque di una visione ottimistica.

Se si sposta l'attenzione per esempio sul mercato statunitense, nello scenario del mese di aprile 2021, in particolare su quello relativo ai beni di consumo, l'inflazione è aumentata del 3,1% rispetto all'anno precedente.

Difatti, a maggio del 2021 questa ha superato il 4%, quindi ci si trovava in un momento in cui vi era una forte inflazione negli USA.

Paragonando statisticamente l'andamento mensile del prezzo del Bitcoin con quello dell'oro nel periodo sopracitato si può osservare che:

- Il prezzo del Bitcoin è diminuto;
- Il prezzo dell'oro è aumentato.

Currie trae semplici conclusioni da questi dati statistici: proprio durante il mese di aprile, quando avvenne la forte inflazione statunitense, quest'ultima si poteva considerare cattiva, in quanto era dovuta ad una carenza di offerta causata per lo più dal periodo di lockdown per Covid-19 ma anche per la poca produzione e la carenza di materia prima che garantisce appunto il mercato.

Gli investitori si sono prontamente rifugiati nell'investimento sull'oro, piuttosto che sul Bitcoin perché, come si è spiegato in precedenza, essendo l'inflazione di tipo cattivo essi dovevano proteggersi dai rischi che vi arrivano insieme.

Per questo motivo utilizzano una copertura a risk off come l'oro.

Confrontando invece, nello stesso scenario esposto precedentemente, il prezzo del rame con quello del Bitcoin, si può osservare che:

- Il prezzo del Bitcoin è diminuito;
- Il prezzo del rame è diminuito, nonostante nel periodo anteriore al lockdown fosse in aumento.

Il picco minimo dei prezzi di entrambe le categorie messe a confronto è stato raggiunto tra il 19 e il 20 maggio del 2021.

Successivamente, i prezzi di entrambi (rame e Bitcoin), sono risaliti verso la fine del mese di maggio 2021.

Dunque si può dedurre che negli ultimi mesi il prezzo del Bitcoin sia stato più simile a quello del rame di quanto lo sia stato dell'oro, perciò più simile a quello di un asset che serve come copertura contro l'inflazione ma risk on, ovvero il rame e meno simile al risk off dell'oro.

Nonostante gli USA stiano ancora attraversando momenti di inflazione cattiva, si crede che il mercato recupererà grazie, magari, ad un aumento di domanda dovuto ad un eccesso di dollari creati e messi sul mercato.

Le tempistiche di un possibile recupero non sono facili da calcolare ma è chiaro che l'inflazione diventerà buona, vi sarà un aumento della domanda seguito da un aumento del prezzo.

MASSIMI E MINIMI

Analizzando le serie storiche di Bitcoin a partire dal 2013, ovvero da quando si sono cominciati a ricevere tutti i dati giorno per giorno, si può osservare come, quasi sempre, i **minimi** o i **massimi** annuali si *toccano* a **fine anno**:

- Nel 2013 il picco massimo del prezzo del Bitcoin si è verificato il 30 novembre, dunque alla fine di quel mese, continuando su quella cifra all'incirca fino al mese di dicembre dello stesso anno;
- L'anno seguente, nel 2014, il prezzo minimo di Bitcoin si verificò il 5 ottobre, dunque sempre sul finire dell'anno;
- Nel 2015 il prezzo massimo di Bitcoin si verificò il 4 novembre;
- Nel 2016 il prezzo massimo di Bitcoin si verificò il 9 dicembre;
- Nel 2017 il prezzo massimo di Bitcoin si verificò il 17 dicembre;
- Nel 2018 il picco minimo di Bitcoin si verificò il 15 dicembre
- Nel 2019, l'unica eccezione, il picco minimo di Bitcoin si verificò il 26 giugno;
- Nel 2020 il prezzo massimo di Bitcoin si verificò il 31 dicembre.

In ben 5 casi su 8 si è verificata la chiusura dell'anno con un picco, minimo o massimo che fosse, ma sempre sugli ultimi mesi dell'anno.

In ben 3 casi su 8, il picco massimo si è verificato a dicembre, proprio il mese conclusivo, mentre in 2 casi su 8 si è verificato un picco minimo sempre nel periodo di dicembre.

Inquadrando questa statistica più dall'alto, si può dedurre che in **7 casi su 8**, con l'eccezione dell'anno 2013, il picco minimo o il picco massimo si è verificato alla fine dell'anno.

È lecito chiedersi il perché di questo andamento e per comprenderlo bisogna allinearsi con la seguente ipotesi:

Innanzitutto, bisogna cominciare tenendo conto della tassazione, in quanto i grandi investitori ed i grandi trader versano le **tasse sulle eventuali plusvalenze**.

Si noti bene che le plusvalenze si rilevano solo quando si vende, dunque se a fine anno si fosse in procinto di vendere, attendendo l'inizio dell'anno seguente per vendere si potrebbe **spostare l'arrivo del plusvalore** e dunque delle tasse da pagare su di esso all'anno seguente.

Quindi a fine anno chi è in grande guadagno potrebbe essere incentivato ad aspettare a vendere, in modo da ridurre la pressione di vendita di Bitcoin quando i prezzi sono particolarmente elevati.

Lo stesso discorso vale, viceversa, se si arriva **a fine anno con delle minusvalenze**; conviene vendere subito in modo da utilizzarle per ridurre le tasse dato che queste non si pagano solo sulle plusvalenze ma sulla differenza tra plusvalenza e minusvalenza.

Perciò se si arriva a fine anno con un prezzo basso, conviene vendere subito e non aspettare l'inizio del prossimo anno in modo da poter scontare nell'anno corrente le eventuali minusvalenze.

Dunque, non è affatto un caso che a fine anno quando i **prezzi** sono **alti,** tendenzialmente si registra un picco massimo, dunque il prezzo più alto dell'anno, perché la **pressione di vendita tende a ridursi**.

Al contrario, negli anni che si concludono con un **prezzo** molto **basso,** si tende a rilevare appunto il prezzo più basso perché la **pressione di vendita aumenta**.

Non ci sarebbe da sorprendersi se, alla fine dell'anno 2021, si verificasse il prezzo massimo, ovvero esattamente come si è verificato all'anno 2013 che è stato preceduto da un continuo bull run nell'anno precedente (2012).

Allo stesso modo accadde per il 2017 dopo il 2016.

In entrambi gli anni citati il prezzo massimo si verificò alla fine dell'anno tra novembre e dicembre, perciò bisognerà attendere la fine del 2021 per poterlo dire con certezza.

Allo stesso modo si potrebbe guardare al prossimo anno, il 2022, alla fine del quale potrebbe verificarsi invece il prezzo minimo annuale, sempre verso il mese di dicembre per esempio.

L'anno che ha fatto eccezione, è stato il 2019 (quando si è verificato il prezzo massimo a metà di esso a giugno), e fu tale grazie all'annuncio di **Facebook** che stava sviluppando la **stablecoin libra**.

Quindi vi fu un'anomalia che cambiò completamente la prospettiva annuale, ma in tutti gli altri anni, dal 2013 all'anno corrente (il 2021), si sono verificati prezzi minimi e massimi negli ultimi mesi dell'anno.

Non si può avere la certezza totale che la situazione si ripeta anche quest'anno ma è (come spiegato in precedenza), una valida possibilità dati i trascorsi.

BITCOIN NEL MONDO

Sul pianeta Terra vi sono attualmente all'incirca 7.800.000.000 persone ma al mondo vi sono solamente 18.700.000 Bitcoin, è facile dedurre che in altre parole ciò significa che non vi sono Bitcoin sufficienti per tutti.

Bisogna però considerare che ogni Bitcoin è frazionabile in 100.000.000 parti, quindi **la più piccola frazione registrabile** sulla **blockchain** di Bitcoin è $\frac{1}{100000000}$ di Bitcoin, e viene chiamato in gergo **Satoshi**.

Visto che per ognuno dei 18.700.000 Bitcoin al mondo ci sono in circolazione 100.000.000 Satoshi, ciò significa che la loro moltiplicazione avrà come risultato il **mondo di Satoshi** ovvero **1,87 milioni di miliardi**.

A guardare questo numero si comprende che se non vi sono sufficienti Bitcoin per tutti, vi sono sicuramente Satoshi per tutti.

Se si dividono 1,87 milioni di miliardi di Satoshi per 7,8 miliardi di persone, si ottiene che, in media, vi sono **240 mila Satoshi per ogni persona** esistente sulla terra.

Ad oggi un solo Bitcoin vale **57 mila dollari** e dividendo questo numero per 100.000.000 si ottiene il numero di Satoshi che vi corrisponde, moltiplicandolo in seguito per i 24 mila Satoshi posseduti in media da una persona, si otterranno **137 dollari**, o anche quanto possiede in media ogni abitate della terra in Bitcoin.

Ovviamente non tutta la popolazione ne possiede, ma solo una piccola porzione di essa.

Per fare **1 euro** ci vogliono più o meno **1,2 dollari**, il che significa che il 137 dollari corrispondono a **113 euro**, dunque in media la popolazione dispone di 113 euro in Bitcoin, seguendo il ragionamento precedente ma con valuta differente.

Moltiplicando 113 euro per 7,8 miliardi di persone si ottiene come risultato circa 880.000.000.000 di euro che sono, per l'appunto, la capitalizzazione complessiva del mercato Bitcoin.

Se in seguito si moltiplica quest'ultimo numero per 1,2, si ottiene l'importo in dollari di 1070.000.000.000, ovvero la stessa capitalizzazione descritta prima ma con una valuta differente.

Il numero di persone che possiede realmente Bitcoin, poiché si è visto che la stragrande maggioranza in realtà non ne ha, è compreso tra i 100.000.000 ed il 200.000.000 di persone su 7,8 miliardi di persone.

Sui calcoli che sono stati eseguiti è necessario effettuare due precisazioni:

- Il valore dei Bitcoin che è stato utilizzato è quello del 12 maggio 2021, ma questo valore può cambiare, tant'è che questi calcoli potrebbero già essere rifatti tra qualche mese, e sicuramente tra qualche anno, e dare risultati completamente diversi;
- Il numero di 18,7 milioni di Bitcoin in circolazione è un numero teorico, perché in realtà una parte di questi sono persi, come se esistessero ma non si potessero utilizzare.

> Non è stato fatto di proposito ma è il risultato di un errore involontario, si tratterebbe di qualche milione, ma rimane il fatto che 18,7 milioni è comunque un numero fasullo in quanto manca della sottrazione dei Bitcoin perduti.

In altri termini, i numeri utilizzati di sopra sono approssimati per eccesso, ma approssimandoli per difetto si potrebbe dire che in media ogni abitante della terra possiede circa 100 euro in Bitcoin.

Questi numeri servono per comprendere il livello al quale è arrivato complessivamente il valore del Bitcoin.

E' POSSIBILE CHE UN GIORNO IL BITCOIN VARRÀ 1 MILIONE DI EURO?

"1 *Bitcoin può valere 1 milione di euro?"*

Sebbene sembri una domanda banale, la risposta è molto più complessa di quel che può apparire.

Innanzitutto, la domanda si è posta in euro ma si può ovviamente porre anche in dollari, ricordando infatti che ad oggi 1 euro vale circa 1,17 dollari, quindi più o meno non si tratta di una grande differenza tra le due valute.

Ma attenzione, perché questo tasso di cambio non è fisso e potrebbe cambiare tranquillamente nel corso del tempo; ovviamente se si considera una durata di 10 anni, forse il tasso rimarrà all'incirca questo visto che si parla di decimali ma, se si considerano dai 20 ai 50 anni, il cambiamento potrebbe anche essere di grande quantità poiché non si riescono a fare supposizioni tanto lontane dal presente se non di massimo un decennio.

In secondo luogo, se Bitcoin riuscirà mai a raggiungere la cifra di 1 milione di euro o di dollari, bisognerà domandarsi se raggiungerà questo numero nella valuta di euro e dollari odierna o di quella futura.

Questo semplicemente significa che 1 milione di euro rimarrà sempre tale, ma il suo vero valore, non è quello nominale, ma è ciò che ci si può acquistare con questa cifra.

È certo che il valore di 1 milione di euro sarà nettamente differente tra oggi e un periodo di tempo di 10, 20, 50 o 100, e diverso anche tra questi periodi stessi.

Stessa cosa vale ovviamente per i dollari: un milione di dollari al giorno d'oggi sono molti di meno come valore reale, come potere d'acquisto, di quanto non valessero un milione di dollari 100 anni fa.

Le valute tradizionali come il dollaro o l'euro, tendono a perdere valore nel tempo infatti, andando verso il futuro, si osserverà nuovamente un potere d'acquisto sempre minore.

Sorge dunque una domanda spontanea ma logica:

> Se Bitcoin dovesse arrivare a valere un milione di euro, quale sarebbe il potere d'acquisto di questi soldi?

Ad oggi non possiamo sapere né quando un Bitcoin arriverà a valere un milione di euro né quale sarà il presunto potere d'acquisto per esso.

La risposta, dunque, rimane molto complessa rispetto alla domanda, che è variamente banale, è una semplice ipotesi che fa riflettere su molti fronti poiché non c'è nessuna certezza ma apre soltanto dei dubbi.

Il Bitcoin è stato creato per essere una moneta deflattiva, dunque per aumentare il proprio valore nel tempo, mentre le monete tradizionali come l'euro e il dollaro citati prima sono stati creati come monete inflattive perciò destinate a perdere il proprio valore nel corso del tempo; se queste dovessero appunto iniziare a perdere molto valore nel tempo e l'inflazione dovesse essere particolarmente elevata, il Bitcoin avrebbe migliori probabilità di raggiungere la fatidica soglia del milione di euro.

Notare bene che, se questa ipotesi si presentasse un giorno, sarebbe importante ricordare che è vero, un Bitcoin varrà un milione di euro ma il suo potere d'acquisto sarà sicuramente minore del milione di euro odierno poiché, appunto, ha perso il suo valore nel tempo contribuendo al contrario rialzo di quello della moneta Bitcoin.

Per poter confrontare il valore del Bitcoin con il suo vero potere d'acquisto, bisognerebbe utilizzare un prezzo espresso in un'altra valuta ma con ciò che si può comprare con un Bitcoin.

Fare questo confronto è ragionevole se lo si rapporta, come detto in precedenza, entro i 10 anni di distanza dal presente, perché allontanarsi troppo nel tempo, magari di 50 anni, non permette di sapere neanche che prodotti vi saranno sul mercato e a che valore verranno venduti.

Lo stesso ragionamento lo potrebbe aver fatto chiunque nato negli anni 70 che non poteva predire che prodotti ci sarebbero stati sul mercato nel 2020 perché sono totalmente differenti da quell'epoca.

Dunque, è più probabile che un Bitcoin in futuro riesca a raggiungere un tasso di cambio in euro di 1 ad 1 milione che non a raggiungere il potere d'acquisto del valore di 1 milione di euro.

Purtroppo, non esiste ancora uno strumento che misuri il potere d'acquisto reale di un Bitcoin senza doverlo associare al suo tasso di cambio in euro, dollari o altre monete ancora.

Un'altra questione lecita da affrontare su questo argomento è se (posti tutti i parametri argomentati di sopra), ***Bitcoin riuscirà veramente ad arrivare a valere un milione di euro oppure no***, chiaramente facendo riferimento ad un solo Bitcoin, non al valore complessivo di tutti i Bitcoin che vi sono in circolazione, poiché ad oggi tutti quelli che circolano valgono più di mille miliardi di dollari.

Dunque, bisognerà concentrarsi sul valore del singolo Bitcoin in questione, pertanto sarà utile ricordare che ogni singolo Bitcoin a sua volta è frazionabile in 100 milioni di parti ed 1 milionesimo di Bitcoin, ovvero la sua parte più piccola, rappresenta 1 Satoshi.

Ad oggi 1 Satoshi vale un millesimo di dollaro.

Per rispondere a questo dubbio, bisogna prendere in considerazione 2 grafici che mostrano rispettivamente:

- **BTC / USD** (che significa **valore del Bitcoin in dollari americani**), in questo grafico la prima cosa importante che si nota sono le crescite importanti avvenute nel 2016 e nel 2021, quando è passato da 1.000 dollari a 20.000 dollari e successivamente da 20.000 dollari a quasi 60.000 dollari.

Dunque, è evidente che questa moneta ha queste potenzialità di crescita molto rapida.

Se invece di puntare l'attenzione su ciò che accadrà nei prossimi mesi ed anni, la si puntasse su ciò che accadrà nei prossimi decenni allora si noterà che invece di fare queste **grandi salite di valore**, il Bitcoin potrebbe anche riuscire a raggiungere la cifra di 1 milione di euro.

Poiché il mercato di riferimento per il Bitcoin è quello americano, è opportuno considerare il milione di euro in dollari per avere una vera percezione del tasso di cambio.

- **STOCK TO FLOW** che è il grafico logaritmico dove il prezzo del Bitcoin viene espresso da 0 dollari, poi 5, poi 10 e così via fino al prezzo che ha raggiunto ad oggi.

Il grafico è caratterizzato da una grande linea rossa che rappresenta la **direzione** che il valore del Bitcoin sta inseguendo, dunque se è in crescita o in diminuzione.

Per esempio, entro la fine del 2021 potrebbe raggiungere i 100.000 dollari ed entro la fine del 2025 si suppone arriverà al milione di dollari.

Queste informazioni sono però solo supposizioni che si basano su parametri passati e non rappresentano una regola ma semplicemente la proiezione di ciò che accadrebbe se il trend del passato dovesse ripresentarsi.

Bisogna assolutamente distinguere molto accuratamente le due espressioni **"potrebbe farlo"** ed **"è probabile che lo faccia"** perché sembrano simili ma nascondono una grande differenza.

Difatti Bitcoin potrebbe, così come non potrebbe raggiungere il milione di euro.

Ma l'importante non è che possa o non possa raggiungerlo, l'importante è quanto è probabile che questa cosa avvenga.

Ad oggi nessuno è in grado di dire con certezza quali sono le probabilità che il prezzo di Bitcoin riesca prima o poi a raggiungere realmente un milione di dollari, quindi l'ipotesi che possa riuscire ad arrivare a questo valore e l'ipotesi che non ci riesca sono da considerare quasi alla pari.

In questo ragionamento tutto torna finché non bisogna fare i conti con l'inflazione, che, come è stato detto in precedenza, contribuisce voluminosamente alla perdita di potere d'acquisto del dollaro americano.

Più è grande la perdità di potere d'acquisto del dollaro e tanto più sarà grande l'aumento del prezzo del Bitcoin.

Perciò maggiori saranno le inflazioni sul dollaro e maggiori saranno le probabilità che un giorno Bitcoin arrivi a valere 1 milione di dollari.

Se questa probabilità venisse capovolta e dunque se la probabilità che il dollaro non diminuisse il suo valore a causa dell'inflazione, significherebbe che anche le probabilità che il Bitcoin raggiunga 1 milione di dollari sarebbe nettamente minore.

In conclusione, è importante comprendere che chiedere oggi se Bitcoin arriverà a valere questa somma un domani è ancora troppo prematuro perché non si può avere alcun tipo di certezza o di probabilità, poiché ciò che è possibile è anche impossibile.

Quello che fa la differenza è provare a calcolare secondo i trend passati la probabilità che riaccadano.

BITCOIN: DEFINIZIONE

C'è una grande differenza tra **bitcoin** e **Bitcoin**, poiché con la lettera minuscola si indica il protocollo e invece con la maiuscola si indica l'asset finanziario, ovvero le monete vere e proprie.

Definire il protocollo purtroppo è ancora complicato, ma invece per quanto riguarda quella dell'asset finanziario, vi è stata una risposta da parte del capo della sezione di Goldman Sachs, che si occupa delle ricerche sulle commodity, cioè sulle materie prime.

Il suo nome è Jeff Currie ed in un'intervista ha spiegato come l'asset di Bitcoin si possa considerare come risk on, ovvero ad alto rischio di investimento.

Vi sono asset che sono agevolati dal fondo **hedge** e che, dunque, si proteggono dai rischi che si possono avere quando si investe in essi.

Per l'appunto Bitcoin è un asset che dispone di questo, poiché quando si investe in Bitcoin si è protetti dall'inflazione.

Rimane però un investimento ad alto rischio perchè è molto volatile e tende a variare prezzo molto in fretta.

Esistono, però, anche monete come l'oro che si proteggono dall'inflazione ma sono basso rischio di investimento.

La definizione di Currie ha avuto molto successo, non solo nei mercati finanziari ma anche tra gli utenti di Bitcoin che hanno mostrato molta accettazione per le sue parole.

Ovviamente tutto ciò non è minimamente sufficiente per affermare con sicurezza che questa sia la definizione definitiva ma dà un'idea molto chiara e molto probabile di quale potrebbe essere. Anche perché tendenzialmente le altre alternative per definirlo non sono state comunemente accettate, mentre quella di Currie è ampiamente condivisa.

La copertura contro l'inflazione ad alto rischio significa che chi possiede del denaro, in genere in grandi quantità, in determinati momenti ha paura che questo denaro perda di valore a causa dell'inflazione, che a volte più aumentare ed altre volte diminuire.

Questo accade perche la moneta può perdere potere d'acquisto, dunque se il suo valore nominale essenzialmente non muta, muta quello che si può comprare con quella moneta.

Un altro modo per coprirsi dall'inflazione è investire in **oro**, che è **risk off**, anche se nei momenti critici spesso perde un po' di valore.

È un investimento che potrebbe consentire di avere basse perdite ma bassi guadagni.

Se invece si vuole rischiare, si può investire in Bitcoin, attendendo che il suo valore aumenti significativamente nella speranza di guadagnare.

I grandi gestori di patrimonio non hanno solo dollari, oro o Bitcoin, ma possiedono tutte e tre per essere davvero agevolati.

Rispondono però alle banche dei propri conti finanziari.

Questo è dunque il ruolo che si sta ritagliando abbastanza chiaramente Bitcoin all'interno del sistema finanziario, e se le cose andranno avanti così, sarà sempre più **chiaro** e più **forte** che ruolo vuole appunto avere in questo sistema mondiale, anche perché si è in un momento di diminuzione dell'inflazione e, pertanto, dell'aumento di potere d'acquisto delle monete tradizionali.

COSA DETERMINA IL VALORE DEL BITCOIN?

Il valore di Bitcoin è determinato solo ed esclusivamente dal rapporto tra l'offerta e la domanda sui mercati sui quali viene scambiato, tuttavia se questa affermazione può sembrare semplice, in realtà, lo scenario è piuttosto complesso.

Innanzitutto, il suo valore non è nient'altro che il suo valore di mercato, ovvero quanto si può ottenere se lo si va a vendere sul mercato (anche se tendenzialmente come prezzo si prende come punto di riferimento il tasso di cambio in dollari americani).

Quindi, quando si dice ad esempio che Bitcoin è a 9 mila dollari, significa che il tasso di cambio tra Bitcoin e dollari è per l'appunto di 9.000 a uno, cioè, servono 9 mila dollari per comprare 1 Bitcoin.

Perciò il tasso di cambio a cui è avvenuto quell'ultimo scambio, è indicato come il prezzo di Bitcoin, ed è per questo che varia in continuazione, infatti questi scambi avvengono in continuazione e sempre a prezzi diversi.

Ma il punto è che ogni piattaforma, ed ogni Exchange, utilizzano come punto di riferimento l'ultima transazione che è avvenuta sulla stessa piattaforma e dunque per ogni piattaforma c'è un prezzo diverso perché il tasso di cambio a cui è avvenuto l'ultimo scambio su quella stessa piattaforma è sicuramente differente da quello a cui è avvenuto l'ultimo scambio su un'altra piattaforma.

Il prezzo di Bitcoin è indicato mediamente come il prezzo che viene dato sugli Exchange, ma ovviamente c'è chi lo vende a più e chi lo vende a meno.

Tende a variare tanto poiché l'offerta si deve adeguare anche al numero delle richieste.

Generalmente funziona in modo tale che, se la domanda aumenta, aumenta anche il prezzo dell'offerta e, viceversa, se diminuisce la domanda, diminuisce anche l'offerta sui mercati.

Nei momenti di stabilità tra domanda e offerta, non significa che non si stanno scambiando Bitcoin, sicuramente lo si fa con meno volume ma si parla sempre di decine di migliaia di dollari. Se la domanda dovesse aumentare molto, l'offerta tenderebbe a rimanere stabile, ma come sempre questo dettaglio non si può stabilire prima perché il prezzo di Bitcoin è in continua oscillazione.

Quando è avvenuto il crollo dei mercati finanziari, l'offerta è arrivata, per così dire, alle stelle. Tutti andavano a vendere Bitcoin, di conseguenza il prezzo è crollato mentre invece, durante l'ultima grande bolla speculativa di fine 2017, è aumentata enormemente la domanda che ha fatto aumentare enormemente in pochissimo tempo prezzo.

Nel tempo il prezzo poi è ricaduto, proprio perché era stato alimentato dalla bolla speculativa.

È bene ricordare che domanda e offerta possono fare fondamentalmente 3 cose: crescere, rimanere costanti o diminuire.

Le cause che possono far muovere il prezzo sul mercato sono molte e la somma di tutte tende poi a stabilire quel prezzo.

È talmente una dinamica complicata che spesso è impossibile riuscire ad identificare un singolo e unico fattore che abbia fatto muovere il prezzo di Bitcoin, innanzitutto perché il prezzo di Bitcoin si muove grazie alla domanda e all'offerta.

Entrambe, a loro volta, sono dovute a più cause quindi è difficilissimo trarre conclusione su chi abbia influito di più e chi di meno nel mutamento del prezzo, della domanda e dell'offerta (tranne per esempio, quando è stata coinvolta una voce importante, come quella di Facebook che nel 2019 ha fatto dichiarazioni su nuove tecnologie, e nel momento della risalita del prezzo di Bitcoin, si sapeva già a chi attribuire le cause, anche se non tutte perché, come detto in precedenza, i fattori che ne contribuiscono alla variazione sono moltissimi).

Nel corso degli anni il valore del Bitcoin è praticamente sempre aumentato.

Questo è accaduto proprio perché è stato progettato per essere una moneta deflattiva, al contrario delle classiche monete tradizionali come dollaro ed euro

In un articolo su Bitcoin.news, è stata pubblicata una tabella che indica il prezzo del Bitcoin a partire dal 2013.

Il prezzo medio è stato di 249 dollari e poi nel 2014 è stato di 521 dollari, e così via.

Nel 2014 è aumentato del 110% rispetto all'anno precedente, per poi diminuire nuovamente del 48% nel 2015.

In seguito, nel 2016, il suo valore è tornato ad aumentare del 109% e il suo valore medio è rimasto di 564 dollari.

Nel 2017 il suo valore medio è arrivato a 3.900 dollari con un incremento del 592% rispetto all'anno prima.

Nel 2018 il valore medio era di 9.000 con un aumento del 105% dall'anno precedente.

Questa sequenza di variazioni annuali dimostra che Bitcoin è veramente una moneta deflattiva, in quanto il suo valore è aumentato notevolmente nonostante le brevi cadute come quelle del 2015, che sono state ampiamente recuperate.

È stato creato per continuare ad acquisire valore nel tempo, ma questo non toglie che vi possano capitare anche delle diminuzioni di prezzo.

Non c'è la certezza che aumenti sempre ma è stato propriamente progettato perché così sia, salvo imprevisti, che però non dipendono dall'offerta in quanto il numero di Bitcoin che vengono coniati e distribuiti è fisso.

L'ipotesi è che Bitcoin sia una moneta deflattiva, cioè una moneta che continua ad aumentare di valore nel tempo, visto che a nove anni dalla sua creazione, grazie a questi dati e alle serie storiche che si sono viste, tale ipotesi sembra essere confermata.

IN QUALI CIRCOSTANZE IL BITCOIN VALE DI PIÙ?

I Bitcoin non sono tutti uguali, infatti alcuni hanno una storia e altri non la hanno.

Questi ultimi che non hanno una storia, vengono definiti vergini e hanno un maggior valore perché c'è una domanda specifica di mercato per loro che sono, tra l'altro, pochissimi.

I **Bitcoin vergini** sono quelli che hanno una cronologia delle transazioni pulita o addirittura nessuna cronologia delle transazioni.

Tutte le transazioni di Bitcoin sono registrate sulla Blockchain che è pubblica, quindi è possibile andare a controllare e a risalire all'intera storia di tutte le transazioni in cui è stato coinvolto un particolare Bitcoin o un particolare Satoshi.

È possibile andare a verificare quando è stato creato (ad oggi vengono creati 12,5 Bitcoin ogni circa 10 minuti) e poi seguirne tutte i vari spostamenti da un indirizzo all'altro.

Alcuni di questi spostamenti sono frutto di attività illecite e sono tenuti sotto controllo dalle autorità e a volte i Bitcoin che provengono da queste attività possono anche essere bloccati o confiscati.

Non c'è nessun problema se il Bitcoin viene utilizzato così come è stato pensato cioè da pari a pari, da persona a persona.

Un Exchange è un intermediario in cui cambiare i Bitcoin in euro e gli euro in Bitcoin; questi Exchange sono, in genere, regolamentati o comunque dovrebbero esserlo e quindi soggetti alle regole antiriciclaggio che vengono imposte dagli stati.

Questo significa che questi intermediari riconosciuti e regolamentati dello stato, possono intervenire per sequestrare eventuali Bitcoin che provengono da attività illecite, oppure possono anche rifiutarli.

Esistono però, appunto, alcuni Bitcoin che non hanno una storia oppure che hanno una storia di transazioni assolutamente pulita.

Quelli che non hanno una storia, sono quelli appena coniati e mai utilizzati, quelli che sono stati creati sull'indirizzo del miner che ha usato per minare il blocco e rimangono sempre lì; sono i cosiddetti Bitcoin vergini cioè che non hanno una storia e non sono mai appartenuti a nessuna transazione. Sono stati creati messi sull'indirizzo e fine.

Ne esistono anche degli altri, sempre definiti vergini, che hanno una storia delle transazioni assolutamente pulita, però sono utilizzabili e non sono andati persi.

Quelli che hanno una storia delle transazioni assolutamente pulita sono pochissimi.

La maggior parte hanno una storia, sono stati parte di più transazioni ma non si ha la certezza che queste transazioni siano pulite quindi esistono appunto anche Bitcoin sporchi.

È difficilissimo per una persona comune riuscire ad andare a controllare tutte le transazioni in cui è stato coinvolto il Bitcoin, o in cui sono stati coinvolti dei Satoshi.

Quindi, per tagliare la testa al toro, ci sono delle persone che cercano dei Bitcoin senza transazioni.

Sicuramente i puliti sono pochissimi e queso fa sì che ci sia una domanda di mercato specifica per questi Bitcoin vergini e che abbiano un valore maggiore degli altri (si stima sia tra il 10% e il 30%).

Chi ha la possibilità di avere sul proprio indirizzo dei Bitcoin puliti quindi con nessuna transazione, oppure con pochissime transazioni sicuramente pulite, ha in mano dei Bitcoin che valgono un po' di più e potrebbe trovare dei compratori disposti a pagarli appunto di più.

Non è un caso che il maggior valore di questi Bitcoin vergini sia molto contenuto.

Tra l'altro in futuro si pensa che i registrati sulla Blockchain pubblica saranno sempre di più, quindi non si può nemmeno definirlo problema perché nel corso del tempo dovrebbe ridursi sempre di più.

Il valore di questi Bitcoin vergini potrebbe diminuire più che aumentare anche perché ne vengono generati in continuazione 12,5 ogni 10 minuti.

Chi mina Bitcoin usa i premi che ne derivano per fare transazioni e usa tutto subito però, magari, una parte potrebbe iniziare a non usarla e registrarla sul proprio indirizzo per poi, magari, rivenderla ad un prezzo superiore a chi ha bisogno di Bitcoin vergini.

La tecnologia dei Bitcoin è davvero complessa e differente rispetto a quello che si è abituati nel passato e rispetto alle vecchie monete fiat.

Nelle vecchie monete fiat, ci sono gli euro vergini e l'oro, che sono tutti uguali.

Ci sono alcune transazioni che vengono seguite dalle forze dell'ordine perché sono frutto di attività illecite però sul mercato, se si trovano degli euro vergini, ad esempio i contanti, sono tracciabili quindi tutti i contanti in euro le banconote hanno questa caratteristica che invece il Bitcoin non ha, poiché esistono le banconote.

Tutte le transazioni sono tracciate quando vengono creati dei nuovi Bitcoin e nasce così una nuova questione ovvero un nuovo piccolo mercato parallelo di questi Bitcoin che non sono mai stati usati o sono stati usati solo per transazioni pulite e quindi vengono considerati puliti a loro volta.

BITCOIN: MONETA UNICA

Bitcoin è una moneta speciale, anzi assolutamente unica.

Non era mai stata creata una moneta così.

Ciò che la rende tale sono due caratteristiche: la decentralizzazione e la natura deflattiva.

Nel 2009 (quando è nata), Bitcoin era la prima moneta in tutta la storia dell'umanità ad essere decentralizzata, infatti fa uso della rete peer to peer, detta anche alla pari.

Già dal nome si può dedurre la sua definizione, ovvero la parità tra tutti i membri e quindi tra tutti i nodi che vi sono nella rete.

Questo significa che non c'è nessuno che possa modificare le caratteristiche di Bitcoin o quanto ne viene emesso.

Completamente differente è la situazione per le monete tradizionali che sono soggette alla gestione delle banche centrali, le quali possono decidere quanta moneta emettere sul mercato o eventualmente ritirarle dalla circolazione.

Infatti, quel che contraddistingue il Bitcoin è che esso si autocontrolla grazie al protocollo informatico di cui dispone, ovvero una lista di regole di funzionamento che deve essere rispettata alla lettera, altrimenti il nodo viene automaticamente escluso dalla rete.

Questo protocollo potrebbe, in teoria, mutare ma per farlo si dovrebbero mettere d'accordo quasi tutti gli utilizzatori di Bitcoin, che dovrebbero smettere di utilizzare i vecchi protocolli Bitcoin per passare a dei nuovi.

È un'ipotesi molto difficile da valutare.

L'altra caratteristica importante di Bitcoin è la sua natura deflattiva che si oppone a quella inflattiva delle monete fiat.

Per comprendere bene qual è la differenza, bisogna sapere che la banca centrale europea mantiene annualmente un tasso del 2% di inflazione, ovvero di aumento dei prezzi dei prodotti e di calo del potere d'acquisto della moneta.

Queste ultime due frasi spiegano cos'è l'inflazione e perchè è un mezzo di guadagno per le banche.

Ma la natura del Bitcoin, che è deflattiva, consiste nel fatto che, se si ha un tot. di soldi e si mettono da parte, questi non verranno colpiti dall'inflazione per due ragioni: la prima è che non sono gestiti dalla banca quindi a loro non si applica il tasso del 2% e la seconda è che Bitcoin è una moneta progettata per aumentare il suo valore nel tempo; data la limitata quantità di Bitcoin che vi sarà in circolazione, non potrà essere svalutato allo stesso modo delle monete fiat.

Tante banche, come ad esempio quelle in Venezuela hanno purtroppo favorito l'aumento dell'inflazione fino al punto in cui la moneta locale (il bolivar), è stata ritirata perché non valeva più nulla.

Ovviamente è bene ribadire che non si può prevedere in che modo cambierà il valore del prezzo dei Bitcoin, ma poiché il protocollo si è dimostrato essere progettato proprio perché esso aumenti nel corso del tempo (con moltissime prove pratiche), questa è un'ipotesi più che plausibile.

Infatti un esempio con il quale si nota bene la differenza degli effetti dell'inflazione sulla moneta fiat e quello che invece accade grazie al protocollo Bitcoin è che se si pongono dei risparmi da parte, quelli in euro, per esempio, perdono potere d'acquisto con il tempo, mentre quelli in Bitcoin hanno una grande probabilità che lo acquistino.

Sembrerebbe infatti che Bitcoin sia un'ottima moneta per la riserva e che la moneta tradizionale sia invece ottima per gestire gli scambi, in quanto il suo potere d'acquisto potrebbe tranquillamente perdersi con il tempo.

COME INVESTIRE IN BITCOIN

Investire in Bitcoin equivale a comprare i Bitcoin pagando in euro, perciò fondamentalmente significa fare un cambio valuta da euro a Bitcoin.

Il tutto funziona similmente a quando si cambia da euro a valute estere come il dollaro, la sterlina britannica o il franco svizzero.

Per cambiare euro in Bitcoin esistono degli appositi siti chiamati, non a caso, Exchange che consentono di depositare i propri euro e, con questi, di acquistare successivamente Bitcoin da altri utenti che invece stanno facendo il contrario, ovvero stanno vendendo Bitcoin per acquisire euro.

Poiché Bitcoin è appunto una moneta, è lecito chiedersi: *Come si fa a guadagnare investendo in una moneta?*

Semplicemente si cerca di acquistare Bitcoin ad un prezzo conveniente per rivenderli magari un domani ad un prezzo maggiore.

Questa cosa di solito avviene con le valute fiat tradizionali come la sterlina, ma non avviene, o comunque avviene molto raramente, che vengano comprati (per esempio), dollari per essere rivenduti in seguito ad un prezzo maggiore.

Per Bitcoin è invece l'esatto contrario perché esso ha essenzialmente una natura opposta alle monete e delle valute fiat che sono fatte appunto per perdere valore nel tempo; la moneta Bitcoin è stata fatta per acquisire valore nel tempo quindi un domani probabilmente varrà di più e comprarla ora potrebbe significare rivenderla in futuro ad un prezzo maggiore.

Non è detto, come già spiegato, che ciò accada con sicurezza ma vi sono delle probabilità.

Fare un investimento in Bitcoin non significa assolutamente solo vincere, è un investimento ad alto rischio come altri e può avere anche risultati pessimi, non solo guadagni.

Perciò bisogna fare particolare attenzione a chi promette guadagni assicurati con gli investimenti in questa moneta, poiché non è prevedibile ma dipende soltanto dai prezzi con cui si è riusciti a comprare e successivamente a vendere la valuta Bitcoin in euro.

Dal punto di vista pratico, bisogna iniziare con l'iscriversi in alcuni dei siti Exchange dove dopo aver versato gli euro, si potranno utilizzare per comprare Bitcoin.

L'unica grande difficoltà potrebbe sorgere proprio alla registrazione, dove le procedure che seguono giustamente le richieste della legge sono lunghe e tergiversanti.

Gli Exchange si possono distinguere in:

- Semplici, che sono convenienti per chiunque ne voglia fare uso ma non consentono di fare tutte le operazioni che farebbe un professionista.
- Completi, che sono più prestati per i professionisti.

In genere si inizia con quelli più semplici per avanzare con il tempo verso quelli più completi.

È consigliabile essere registrati su diversi Exchange e non scegliere uno solo, il motivo è molto semplice poiché questi siti ogni qualvolta vanno offline e non ne consentono l'utilizzo, quindi, è ovviamente meglio averne a disposizione più di uno in queste occasioni, ricordando sempre che la procedura di registrazione è lunga ed è conveniente fare queste registrazioni prima in diversi Exchange in modo da avere più account disponibili nel momento di necessità.

Bisogna distinguere bene alcune differenze tra gli Exchange italiani e quelli esteri.

Quelli italiani aiutano a risolvere alcune problematiche relative agli scambi.

Alcuni esempi di Exchange italiani importanti:

- **The Rock Trading** – è uno dei siti più anziani e più serio.

È molto completo e nell'ultimo periodo ha anche introdotto delle funzionalità per accomodare chiunque volesse anche semplicemente iniziare.

Quindi può essere ora usato da tutti.

- **APP Conio** – è un'applicazione molto semplice da utilizzare, purtroppo non completa, ma ha una particolarità, ovvero che è integrata all'interno dell'app **HYPE** di Banca Sella. Dunque, se si possiede già l'app di Banca Sella all'interno si avrà già la possibilità di vendere ed acquistare Bitcoin tramite Conio.

Un'ottima scelta per iniziare;

- **The Young Platform** – è la più giovane come lascia intendere anche il nome ma sta già spopolando.

Si potrebbe collocare come difficoltà intermedia tra Conio e Roch Trading.

È consigliabile registrarsi su tutti e tre i siti.

Altri esempi di Exchange non italiani:

- **Binance** – è con molta probabilità l'Exchange cripto più grande al mondo e contiene un grandissimo numero di criptovalute mentre i tre italiani elencati in precedenza ne hanno poche.

È uno strumento completissimo ma altrettanto complesso, quindi per iniziare l'ideale è registrarsi per avere una panoramica del funzionamento, ma tenerlo come sito di riserva finché non si è più pratici o esperti;

- **Kraken** – un altro ottimo sito al quale, come spiegato di sopra, è consigliabile registrarsi e utilizzarlo solo dopo aver fatto pratica;
- **Coin base** – nato come Exchange entry level, quindi per farvi piccole operazioni e si è sviluppato come una grande piattaforma, anche se viene leggermente superato da altri come Conio e Binance per i costi alti ed il servizio di assistenza esclusivamente in inglese e poco efficiente.

Per iniziare convengono i siti italiani con appunto assistenza in lingua italiana per una migliore comprensione.

Una volta registrati nei siti degli Exchange bisogna depositare degli euro sui conti e poi utilizzarli per fare acquisti di Bitcoin.

È sconsigliato acquistare Bitcoin con carta di credito perché i costi solo elevatissimi, la miglior soluzione è pagare tramite bonifico considerando anche che al giorno d'oggi tanti servizi bancari offrono il bonifico a tasso zero, dunque completamente gratuito.

Spiegato il come acquistare, è bene anche dire quando e a che prezzo acquistare Bitcoin.

Per guadagnarvi è ovviamente opportuno acquistarli ad un prezzo conveniente per poterli rivendere un domani ad un prezzo più alto; dunque bisognerà trovare appunto questo buon prezzo.

Tendenzialmente è meglio comprare quando il prezzo scende e vendere quando il prezzo sale; tuttavia, molti utenti utilizzano un altro metodo per investire ovvero il cosiddetto **piano di accumulo** o **pack**, in poche parole fanno diversi acquisti di poco valore di volta in volta alla fine del mese.

In questo modo, si acquista sempre ad un prezzo diverso e si riducono i rischi di comprare a prezzi elevatissimi.

In genere questo processo si svolge in maniera continuativa per lungo tempo finché non si è messo da parte una buona quantità di Bitcoin.

In seguito, vi si ferma e si conservano i Bitcoin accumulati nel portafogli fino a quando non sono necessari, senza dover aspettare di capire quando è meglio invece venderli.

Se un domani si necessitasse dei soldi, allora quella potrebbe essere l'occasione per rivenderli.

I piani di accumulo si fanno direttamente sui siti di trading, inoltre alcuni servizi bancari permettono anche la programmazione dei bonifici verso gli Exchange e programmare in seguito sui siti di Exchange gli acquisti di Bitcoin in base alla propria preferenza e necessità.

Per ricapitolare:

- Investire in Bitcoin equivale a comprarli quando sono a prezzo basso e rivenderli quando sono a prezzo alto;
- Se non si vogliono attendere i cambiamenti di prezzo si può fare un

piano di accumulo con acquisti scadenzati per ridurre il rischio di acquisto a prezzi elevati;

- Non conservare i Bitcoin sul sito di Exchange ma spostarli sul proprio wallet poiché, come già detto, i siti tendono a smettere di funzionare di volta in volta magari per aggiornamenti vari, però i soldi sul wallet sono sempre attivi e pronti alla vendita.
  È bene sapere che per esempio Conio non lavora solo da Exchange ma anche da wallet.
- Per guadagnare bisogna vendere i Bitcoin spostandoli dal wallet in cui sono stati depositati all'Exchange, in seguito si incasserà una somma in euro che si potrà prelevare dal sito.

COME GUADAGNARE INVESTENDO IN BITCOIN?

In teoria investire in Bitcoin può sembrare facile ma è un processo complesso che può portare con moltissima probabilità alla perdita piuttosto che al guadagno, soprattutto quando si è alle prime armi.

È molto importante, dunque, avere una giusta formazione sull'argomento, studiare e fare pratica prima di cominciare ad investire grandi somme.

Esistono diversi modi per guadagnare con Bitcoin ma quello più gettonato che si tratterà di seguito è anche quello che può sembrare il più banale.

Esso consiste principalmente nel comprare Bitcoin a prezzo basso per rivenderlo quando avrà un prezzo maggiore.

Questi prezzi di vendita e di acquisto vengono fatti dal mercato, e per poterne trarre vantaggio bisogna scegliere il momento perfetto per acquistare e il momento ancor più giusto per rivendere.

Ma il momento giusto è estremamente difficile da garantire perché nessuno sa con certezza come il prezzo di Bitcoin varierà nel tempo; è soltanto una questione di probabilità.

Perciò c'è sempre una certa probabilità che il prezzo possa aumentare e una certa probabilità che possa diminuire.

Ovviamente, come per tutti i mestieri, i professionisti che si occupano di trading giornalmente, sanno più o meno fare una stima delle probabilità del prezzo di Bitcoin.

Ma, chi è principiante, farà molta fatica ed è bene che si formi e faccia esperienza un passo alla volta perché altrimenti rischia di lavorare seguendo solo l'intuito e di sbagliare.

È bene affidarsi per queste analisi a persone competenti

Non è sufficiente, però, saper calcolare le probabilità del momento migliore di vendita, bisogna anche cercare di capire in quanto tempo questi cambi di prezzo avvengono.

È facile anche perdere la pazienza perché possono passare giorni come possono passare anni prima che il prezzo risalga.

Se, per esempio, si sa che il prezzo nel giro di 30 giorni potrebbe scendere, allora è un ottimo momento per investire e guadagnare magari in due settimane un 30%.

Ma non bisogna dare per scontato né il cambio del prezzo, né la tempistica del cambio.

Conviene essere iscritti ad un Exchange per effettuare queste operazioni di compravendita poiché in questi siti si depositano gli euro, dunque gli investimenti e da qui saranno pronti per l'acquisto non appena sarà giunto il momento perfetto.

Dopo l'acquisto, sempre sull'Exchange, si potrà fare la vendita e qui bisognerà attendere che qualcuno voglia comprare i propri Bitcoin.

Se non avviene nell'immediato non c'è da preoccuparsi perché può tranquillamente avvenire in futuro.

Ma bisogna essere anche informati bene su questi siti di scambio, in quanto possono presentare delle particolarità come la selezione magari di un unico tipo di coppia di valuta piuttosto che un'altra e questo potrebbe mettere in difficoltà il venditore che non ne possiede al momento della proposta di vendita al mercato.

Ricapitolando, non c'è nessuna garanzia di guadagno in Bitcoin, e non la si ha soprattutto se non si valutano i rischi esposti in precedenza.

E' POSSIBILE CREARE DOLLARI GRAZIE AL BITCOIN

È possibile utilizzare i Bitcoin per creare dollari dal nulla.

In realtà si tratta di un token di criptovaluta che ha lo stesso identico valore del dollaro e che quindi è come il dollaro vero e proprio.

Questo prende il nome di **DAI** ed il suo valore è appunto di un dollaro.

Se si guarda il suo storico, si può osservare il modo in cui il suo valore oscilla sempre intorno a quello del dollaro, perciò vi saranno giorni in cui il suo prezzo sarà leggermente più alto o più basso, ma sarà sempre attorno alla stessa cifra.

Questo perché viene tenuto in maniera artificiale attorno a questo valore.

Questi token fatti appositamente per mantenere il valore attorno a quello del dollaro sono tecnicamente dei prestiti:

Si prendono delle criptovalute e si immobilizzano all'interno di uno smart contract, che, a sua volta, crea i DAI che l'utente utilizzerà a proprio piacimento.

Ovviamente, trattandosi di un prestito, si hanno delle tasse da pagare e prima o poi bisogna restituirli, altrimenti lo smart contract dopo che il collaterale (ovvero la garanzia), non sarà più sufficiente lo venderà in automatico e l'utente non sarà più proprietario della garanzia rimanendo solo con i DAI che gli erano stati concessi in cambio di essa.

Se invece si volessero recuperare le criptovalute che erano state messe come garanzia, basterà restituire i DAI presi in prestito e pagare gli interessi del prestito stesso.

Fino al presente sono stati creati 131.794.831 DAI che corrispondono concretamente a circa lo stesso numero di dollari in circolazione.

In altre parole, sono 131 milioni di dollari che sono stati creati dal nulla e che si aggiungono ai dollari già in circolazione però, nei loro smart contract, sono immobilizzati (e perciò inutilizzabili), delle garanzie costituite da Bitcoin e altre criptovalute.

In questo caso, non si sta parlando di una stablecoin come l'USDT, che al contrario degli DAI non aggiunge massa monetaria ai dollari perché da una parte la sottrae e la immobilizza, dall'altra la emette.

Invece, per quanto riguarda i DAI, l'unica coincidenza con il dollaro è, appunto, il valore che è quasi uguale ma non aumenta la massa monetaria del dollaro, piuttosto, immobilizza altre criptovalute e, in seguito, le emette come dollari americani da un token che ha lo stesso valore dei dollari.

Questa tecnologia di creazione dei dollari a partire dai Bitcoin serve per spendere le criptovalute senza doversi preoccupare della volatilità e senza doverle vendere, perché quando vengono immobilizzati i Bitcoin dall'utente sullo smart contract per creare DAI, in realtà, solo l'utente può ritirarli e può farlo solo restituendo il prestito.

In questo modo non si sono vendute le criptovalute ma si è avuta la possibilità di utilizzarle per avere un prestito di simil dollari americani da poter spendere.

Questa operazione è rischiosa perché, se il valore di Bitcoin decresce, l'utente in questione dovrà comunque dare indietro i DAI e gli interessi del prestito per ottenere indietro le proprie criptovalute che, in quel momento, potrebbero anche valere meno.

Poiché tutto ciò è del tutto decentralizzato e legale, è un processo inarrestabile, e l'unico inconveniente che può accadere all'utente è la perdita della propria valuta per mancato pagamento degli interessi o per mancata restituzione dei DAI avuti in prestito.

Non trattandosi di un token che rappresenta i dollari americani ma di un token che semplicemente mantiene il suo valore simile a quello dei dollari americani in maniera artificiale, ogni dubbio sulla legalità di questo processo può tranquillamente essere cancellato, in quanto la valuta del dollaro non viene in alcun modo interpellata ed è solo ed unicamente utilizzata come punto di riferimento.

PERCHÈ BISOGNA ACQUISTARE BITCOIN

La scelta di acquistare Bitcoin è completamente libera e arbitraria, non è ovviamente in alcun modo obbligatorio possederli.

La domanda giusta da farsi riguardo questo argomento sarebbe "*in che modo si può trarre vantaggio dall'acquisto di Bitcoin?*"

Le motivazioni potrebbero essere raggruppate in tre esempi ma prima di farlo è consono ricordare che chi acquista Bitcoin è soggetto ai vari rischi spiegati in precedenza e che quindi lo deve fare nel pieno della propria libera scelta:

1. **La ragione speculativa:** se si ritiene che nel corso del prossimo periodo il valore di Bitcoin potrebbe aumentare, allora sarebbe ottimale acquistare Bitcoin per rivenderli nel momento dell'aumento del prezzo.

Anche qui bisogna assumersi il rischio della perdita nel caso in cui prezzo del Bitcoin non aumenti e dunque non sia possibile la vendita ad un prezzo più alto di quello a cui è stato acquistato.

Non c'è nessuna certezza in questo ragionamento, non si può sapere con certezza che piega prenderà il prezzo del Bitcoin ma si può appunto *speculare*.

1. **La natura deflattiva di Bitcoin** – le valute fiat tradizionali come l'euro e anche il dollaro americano hanno, al contrario del Bitcoin, una natura inflattiva, dunque perdono valore nel corso del tempo.

Le banche certali hanno proprio l'impegno di far **inflazionare** queste monete di circa il **2% all'anno**, il che può far pensare a come magari nel corso di 12 anni perderanno poco valore ma tra decenni perderanno invece moltissimo valore.

Un **ottimo esempio** per illustrare questa ipotesi potrebbe essere il seguente:

Si suppone che vengano depositati 1.000 euro su un conto corrente personale, se vi fosse un'inflazione media del 2% tutti gli anni, in 10 anni questi 1.000 euro avrebbero lo stesso potere d'acquisto di 817 euro anche se si tratterebbe sempre di 1.000 euro.

Dopo 20 anni, il loro valore scenderebbe a 668 euro e dopo 30 a 545 euro.

In altre parole, con un ritmo di inflazione costante del 2% annuale, 1.000 euro di oggi fra 30 anni varranno circa la metà.

Bitcoin è stato dunque creato per essere una moneta di natura deflattiva, dovrebbe cioè fare il contrario e accumulare valore nel tempo incrementando il proprio prezzo.

Questo è già accaduto, difatti se si osserva il prezzo di Bitcoin su larga scala temporale, negli anni 2009/10 il prezzo di Bitcoin era nettamente minore a quello di adesso.

Tra l'altro, l'attuale tasso di inflazione della massa monetaria di Bitcoin è, per l'appunto, circa del 2%; tra 4 anni scenderà sotto l'1%, tra altri 4 anni scenderà sotto lo 0,5% e così via finché, entro il 2030, il tasso di inflazione della massa monetaria di Bitcoin si sarà così ridotto tanto da essere irrilevante.

Tutto ciò significa che il Bitcoin a lungo andare non soffrirà dell'inflazione della massa monetaria.

Questo, in teoria, porterebbe il prezzo nel tempo e negli anni ad aumentare sempre di più. Ovviamente non vi è certezza che ciò accada, semplicemente si specula su avvenimenti passati che sembrano ripetere il proprio corso, perciò in futuro potrebbero ri-consolidarsi avvenimenti di questo tipo.

Un ottimo modo per sfruttare questo esempio è comprendere che i soldi, euro o dollari che siano, se rimangono fermi in banca perderanno di valore, dopo parecchio tempo ma comunque lo perderanno, pertanto è conveniente magari convertirne una parte in Bitcoin lasciandoli ovviamente non su conto corrente ma sul wallet e sperare che acquisiscano tanto valore da poterci guadagnare.

Anche qui, come in precedenza, ci si assume un rischio, poiché i Bitcoin potrebbero non acquisire valore tanto quanto si sperava nel tempo di attesa dall'acquisto alla vendita.

1. **La libertà finanziaria** – è una motivazione a sé che può dirsi particolarmente differente dalle precedenti due in quanto, se si vogliono fare dei trasferimenti in euro (dunque in valuta fiat), di grandi quantità, in particolare all'estero vi si scontra con dei limiti. Addirittura vi sono dei paesi in cui se si inviano euro si ricevono i soldi nella valuta locale già cambiata mentre, invece per Bitcoin, come per moltissime altre criptovalute, non vi sono limitazioni di alcun tipo o altre tipologie di ostacoli in cui imbattersi poiché i Bitcoin potranno essere utilizzati in qualsiasi quantità si desideri farlo.

Esistono in commercio dei token di criptovalute che hanno lo stesso valore delle valute fiat che in gergo tecnico si conoscono come stablecoin.

La più conosciuta e famosa è la Tether ovvero L'USDT che ha il valore del dollaro americano.

Queste valute consentono di fare operazioni libere senza ostacoli o limiti in tutto il mondo in un token di criptovaluta che ha lo stesso valore della valuta fiat.

> Anche qui, come in precedenza, è opportuno ribadire il rischio che si assume quando si acquistano Bitcoin.

Acquistare Bitcoin e conservarli con cura è relativamente semplice ma non facilissimo e lo stesso ragionamento va applicato ad ogni tipo di operazione riguardante l'uso dei Bitcoin poiché tutte richiedono accuratezza, precisione ma soprattutto molta attenzione, perciò è opportuno essere cauti e ben informati dall'inizio sui rischi e su tutte le regole da seguire.

CI SONO ABBASTANZA BITCOIN PER TUTTI?

All'interno del protocollo Bitcoin vi è chiaramente scritto che **non potranno esistere mai più di 21 milioni di Bitcoin**.

Chiaramente la popolazione terrestre è composta oltre 7 miliardi, quasi 8, di persone, il che significa quasi 300 volte più dei 21 milioni di Bitcoin.

La domanda che sorge è "*vi sono Bitcoin a sufficienza per tutti oppure li possederanno solo poche persone?*".

Il limite di Bitcoin, come detto poco fa, consiste nel fatto che al mondo non potranno mai matematicamente esistere più di 21 milioni di persone che posseggono più di 1 Bitcoin.

Un Bitcoin è però frazionabile in 100 milioni di parti, similmente all'euro che è divisibile in centesimi ma in moltissime più parti che vengono chiamate Satoshi.

Questo significa che per ogni Bitcoin vi sono 100 milioni di Satoshi; se si moltiplicano i 21 milioni di Bitcoin per i 100 milioni di Satoshi, si ottengono 2,1 milioni di miliardi di Satoshi.

A seguito di questo calcolo, si può osservare come adesso la popolazione non è tanto più grande per dividere i Satoshi a tutti.

Satoshi e Bitcoin sono la stessa moneta espressa in maniera differente; un esempio plausibile e molto conosciuto potrebbe essere il chilogrammo a confronto con il grammo, che esprimono la stessa cosa in due unità di misura diversa.

In altri termini, chi possiede Bitcoin possiede anche Satoshi e chi possiede Satoshi possiede anche Bitcoin; se per esempio si possiedono 2 Bitcoin, allo stesso momento si possiedono 250 milioni di Satoshi perché sono la stessa cosa espressa con un'unità di misura diversa.

Pertanto, il fatto che al mondo non vi saranno mai più di 21 milioni di Bitcoin non sarà mai un problema, poiché si utilizzerebbero i Satoshi al posto dei Bitcoin che in termini di significato sono la stessa cosa.

Non vi sarà alcun problema di distribuzione per i Satoshi.

Un altro confronto interessante che può spiegare la situazione presa in causa è quello tra Bitcoin ed euro, ma non in termini di numero di Bitcoin in circolazione confrontati con il numero di euro; piuttosto è opportuno osservare i Satoshi al confronto con i centesimi poiché gli euro, in genere, vengono frazionati in centesimi anche se, volendo, si potrebbero frazionare ulteriormente.

Per quanto riguarda gli euro, al momento in circolazione ce ne sono qualche migliaia di miliardo; con grande probabilità, si tratta di decine di migliaia di miliardi di euro.

Chiaramente, per scoprire il numero di centesimi in circolazione, bisogna moltiplicare il numero di euro per 100 ed il risultato è che il numero di centesimi in circolazione nel mondo è di circa un milione di miliardi.

Per quanto riguarda, invece, il numero di Satoshi in circolazione, si tratta, come detto in precedenza, di 2,1 milioni di miliardi.

Certamente non si può fare un confronto preciso poiché ancora non si è raggiunto il numero totale di Bitcoin che potranno circolare (ad oggi sono stati creati 18.470.593 Bitcoin che corrispondono a 1,8 milione di miliardi di Satoshi).

La quantità di centesimi presente al giorno d'oggi è paragonabile alla quantità di Satoshi.

Nessuno probabilmente si è mai chiesto se vi sono centesimi a sufficienza al mondo, perché la risposta è banalmente che, sì, ci sono abbastanza centesimi.

E, poiché il loro numero è perfettamente paragonabile a quello dei Satoshi, è chiaro che vi sono anche Bitcoin a sufficienza per tutti.

QUANTO E' POSSIBILE GUADAGNARE COL BITCOIN?

In realtà, la domanda per esteso sarebbe "*quanto si guadagna investendo in Bitcoin*?"

Poiché il Bitcoin è una moneta e vi sono molti modi per guadagnare Bitcoin, per esempio si potrebbe fare un lavoro ed essere pagati in Bitcoin.

Facendo riferimento agli investimenti in Bitcoin, è vero che si può ma bisogna fare molta attenzione perché Bitcoin è considerato **un asset ad alto rischio**, il che significa che esiste anche la possibilità di perdere tutto.

Spesso gli investitori inesperti che investono in Bitcoin finiscono per perdere, per questa ragione prima bisognerebbe conoscere Bitcoin e diventare un po' esperti per poter poi investire in questi asset perché, se si investe senza essere esperti, è molto probabile che non solo non si guadagni ma addirittura si perda.

Inoltre, visto che è appunto un asset ad alto rischio bisogna stare attenti perché chi promette guadagni significativi dall'investimento in Bitcoin senza quindi dire che c'è anche il rischio è elevato di perdere, sta mentendo.

È bene dunque stare alla larga da tutti coloro che promettono grandi guadagni in Bitcoin senza dire che in realtà questo è un investimento che potrebbe non solo non portare necessariamente guadagni, ma addirittura far perdere dei soldi.

Non è possibile prevedere i guadagni derivanti dagli investimenti in Bitcoin che si hanno quando si riesce a comprare Bitcoin a basso prezzo e rivenderlo ad alto prezzo, più o meno come si fa con le azioni in borsa.

La logica è pressoché la stessa, ma il problema è che è difficilissimo sapere quando il prezzo di Bitcoin è basso o è in procinto di crescere, ed è anche impossibile sapere con certezza cosa farà il prezzo di Bitcoin nel futuro poiché potrebbe andare su, potrebbe scendere o potrebbe anche rimanere fermo.

Quindi, una persona che investe in Bitcoin in maniera casuale ha due probabilità su tre di non guadagnarci perché, se il prezzo scende non si guadagna anzi, si perde.

Se il prezzo rimane fermo non si guadagna e perciò si guadagna solo se il prezzo è aumentato.

> Il prezzo massimo mai raggiunto da Bitcoin è di 62.900 dollari circa ed è stato raggiunto ad aprile dell'anno 2021 a causa di una bolla speculativa.
>
> In precedenza, c'era già stata un'altra bolla speculativa nel 2013 che aveva portato ad un precedente picco a dicembre del 2013 e successivamente nel dicembre 2017.
>
> Infatti, se qualcuno avesse comprato Bitcoin a dicembre 2013 a 1.000 dollari, quindi durante la prima grande bolla speculativa e lo avesse venduto nel dicembre 2017 a 20.000 dollari, durante la seconda grande bolla speculativa, avrebbe venduto a un prezzo di 20 volte superiore.

Quindi se ad esempio si fossero investiti 100 euro a dicembre del 2013, poi a dicembre del 2017, (quattro anni dopo), si sarebbe venduta la stessa quantità di Bitcoin comprata con 100 euro a 2.000 euro.

Acquistando nel luglio 2015, quando il prezzo scese a 250 dollari, si sarebbe potuto rivendere a dicembre del 2017 al picco massimo di 20.000 dollari (prezzo 80 volte quello iniziale, cioè quello di acquisto).

Pertanto, investendo 100 euro a luglio del 2015 a dicembre il 2017 vendendo i Bitcoin si potevano incassare 8 mila euro.

È possibile che nei prossimi anni vi possano essere delle altre bolle che possano generare guadagni ancora maggiori.

È però quasi impossibile immaginare che Bitcoin d'ora in poi possa consentire di moltiplicare il capitale investito per cento.

In realtà, più si va avanti con il tempo, più questi enormi guadagni si riducono quindi è difficile immaginare che in futuro sia possibile moltiplicare i propri soldi per 80.

Questi ragionamenti fatti col senno di poi, sembrano molto semplici invece, dovendo affrontare il futuro e dovendo decidere adesso se comprare o no, quando comprare e quanto comprare, in previsione di quello che può accadere in futuro tutto cambia completamente perché è impossibile ad oggi sapere dove andrà il prezzo di Bitcoin.

Prima di farsi queste domande è bene prima cercare di capire che cos'è Bitcoin, capire come evolve il prezzo e poi, magari, fare determinate scelte come rischiare di investire in Bitcoin con la possibilità di perderli oppure forse di guadagnare qualcosa.

I BITCOIN SONO LEGALI?

I Bitcoin sono assolutamente legali in Italia (anche se vi sono paesi al mondo che hanno dichiarato le criptovalute illegali, come il Nepal e la Bolivia).

In altri paesi invece, come in Cina e in Giappone, non c'è nessuna legge che vieti di utilizzarli.

Vi è pubblicata la risoluzione 72 del 2016 dell'agenzia delle entrate, che spiega legalmente come occorre comportarsi con le criptovalute per quanto riguarda ad esempio le politiche di tassazione.

Spesso, il fatto che non vi sia una legge sulle criptovalute, indica semplicemente che queste sono state integrate o ai principi che regolano le valute straniere o, più facilmente, se ne consente l'utilizzo senza problemi.

Per quanto riguarda le aziende Bitcoin, col decreto valute vanno considerate come valute estere quindi si seguono le stesse regole che si seguono con ad esempio operazioni in dollari.

Le tasse, infatti, si pagano su tutte le operazioni compiute in criptovalute e sulle eventuali plusvalenze perché, a fine anno, bisogna per forza dichiarare in bilancio quante di queste valute si possiedono con un tasso di cambio in euro.

Bisognerà fare un bilancio che inizi in euro e finisca in euro ma, nel frattempo, si useranno le criptovalute convertite.

Per i privati c'è una soglia di possesso sotto la quale, queste operazioni in criptovalute, non sono tassate perché lo stato italiano, in realtà proprio l'agenzia delle entrate, in quella risoluzione considera queste valute come fossero delle monete estere e quindi si dovranno dichiarare nel bilancio solo quando verranno portate alla valuta di norma (l'euro).

Il limite minimo che si pone è di 51.000 euro, quindi se se ne hanno di più è bene farsi seguire da un commercialista.

Gli investimenti in criptovalute sono considerati ad alto rischio, questo significa che bisogna essere molto cauti nel farli dato che, se si investe in una moneta in maniera del tutto disinformata, si rischia di perdere tutti i soldi investiti.

Sarebbe opportuno investire ciò che si è disposti anche a perdere.

Gli investimenti sono una scommessa nel tempo che non conviene di sicuro fare a chi ha poca pazienza perchè ci possono volere anche anni affinché una moneta vari il suo valore.

Per questo è bene informarsi accuratamente sulle monete sulle quali si vuole investire, utilizzare dati oggettivi e cercare di fare una previsione del prezzo in futuro.

Per alcune informazioni e tecniche, è suggerito usare come fonte Bitcoin.news, dove vengono pubblicate analisi del mercato e numerose strategie di trading per poter migliorare le proprie competenze.

Per fare trading è bene iniziare con investimenti a cui non si è troppo affezionati in quanto, come detto prima, si potrebbe perdere denaro.

L'holder spesso acquista criptovalute svalutate e le conserva anche per molti anni finché il prezzo non torna a salire, in modo da poterle rivendere e guadagnarci.

Il trader compra per rivendere, possibilmente su breve periodo, e cerca di sfruttare gli alti e bassi del mercato perché ha come interesse principale quello di creare una plusvalenza oppure una rendita in periodi molto brevi.

Il trading però è un'attività rischiosa e fatta da professionisti del settore;

per i principianti, la cosa migliore sarebbe invece acquistare token sui siti di Exchange e cominciare da qui a fare pratica di passo in passo per imparare come funzionano questi scambi di valuta.

Potrebbero anche utilizzare piattaforme che fanno uso di CFD, simili ai token, per le compravendite continue.

Se si acquistano dei token è bene conservarli nel proprio wallet finché non si vorranno vendere nuovamente o scambiare.

Anche lì si può osservare se il loro valore scende o sale.

E anche possibile fare il processo contrario, ovvero vendere token e acquisire moneta che poi si potrà o reinvestire oppure si potrà utilizzare a proprio piacimento.

Il trader holder, in italiano detto cassettista, è invece quello che trattiene (come esemplificato prima), la propria criptovaluta per un periodo di tempo lungo portando, per così dire, tanta pazienza fino ad una variazione del prezzo.

Non si tratta di processi molto complicati, basta imparare a fare gli acquisti e gli spostamenti, ma queste piccole operazioni nulla hanno a che fare con il trading vero e proprio che è un mestiere estremamente preciso e delicato.

I trader, per esempio, lavorano sulla piattaforma Kraken, molto ostile nell'utilizzo.

Una piattaforma consigliabile a chi sta però imparando è The Rock Trading che è italiana e dispone di un ottimo servizio di assistenza.

Un'altra piattaforma imponente è Big Stamp che però non consente di ritrasformare le criptovalute in euro, piuttosto, le fa riutilizzare sempre nell'acquisto di criptovalute.

Ma quella più gettonata è sicuramente Binance.

Un'altra ancora è Cex.Io che è una piattaforma purtroppo di dubbia gestione, ma funziona molto bene ed ammette tantissimi tipi di criptovalute negli scambi.

Queste piattaforme non sono tutte per chi è alle prime armi, per questo, si ribadisce che bisogna essere cauti e informati quando si investono dei soldi e si usano gli Exchange.

Per iniziare, si può fare l'iscrizione a tutti i migliori e performanti.

IL BITCOIN È DAVVERO UNA MONETA MIGLIORE DELL'ORO?

Bitcoin spesso viene paragonato all'oro perché viene considerato come una possibile riserva di valore, ma in realtà per alcuni aspetti Bitcoin è migliore dell'oro.

Business Insider ha pubblicato il tweet di un'inchiesta fatta da una giornalista che è andata in una serie di negozi a New York a fare degli acquisti e a chiedere se poteva pagare con lingotti d'oro oppure con Bitcoin (il lingotto d'oro ha un valore di circa 4 mila dollari).

È andata a finire che nessuno ha accettato di pagamento con i lingotti d'oro fondamentalmente per due motivi:

- Nessuno si fidava perché non potevano sapere se quel lingotto era veramente d'oro puro;
- Non potevano pesarlo e quantificare il suo valore per constatare se valeva circa 4.000 dollari.

Mentre invece alcuni negozianti hanno accettato il pagamento in Bitcoin.

La giornalista ha dimostrato che a New York, se si vuole, in alcuni posti è possibile pagare con Bitcoin, mentre praticamente da nessuna parte si può pagare con l'oro.

D'altronde, quando qualcuno vuol fare un pagamento in Bitcoin, non è necessaria nessun tipo di fiducia, perché i Bitcoin non sono in alcun modo falsificabili quindi, se si ricevono dei Bitcoin, si è sicuri di aver ricevuto una certa precisa quantità di Bitcoin, non uno di più e non uno di meno. Essi sono tutti sicuramente veri, mentre invece con l'oro c'è sempre il problema dei falsi, poiché non si sa se quel lingotto sia veramente d'oro e se non lo sia magari solo in parte.

Non si sa nemmeno se è corretto il peso e lo si dovrebbe proprio pesare su una bilancia.

Il valore dell'oro è certamente meno volatile di quello di Bitcoin, che è comunque volatile anch'esso, ma il valore dell'oro sul mercato varia molto meno nel corso del tempo rispetto a quello di Bitcoin che invece varia tanto e altrettanto velocemente.

La conclusione a cui giunge la giornalista è un'altra, ovvero che nessuno mette in dubbio il fatto che l'oro sia una riserva di valore anche se, al giorno d'oggi, non è una moneta transazionale e non è utilizzata come mezzo di scambio.

Anche Bitcoin un domani, se non dovesse essere utilizzato ampiamente e diffusamente come moneta di scambio o come valuta transazionale, in realtà probabilmente continuerebbe lo stesso a rimanere riserva di valore.

È ancora un po' azzardato definire Bitcoin come una riserva di valore, però si può dire che quella è la sua destinazione d'uso principale e, se veramente manterrà tutte le promesse (quindi se manterrà nel corso del tempo il suo valore) allora sarà usato come una riserva di valore.

In alternativa all'oro, c'è il vantaggio che per spenderlo si deve praticamente vendere per poi incassare valuta fiat e spendere quest'ultima.

Invece, per quanto riguarda il Bitcoin, può sempre essere incassata la valuta fiat e spenderla, ma in alcuni casi può anche essere utilizzato spendendolo direttamente senza doverlo cambiare in valuta fiat.

L'oro non è una moneta con natura deflattiva quindi, in genere, non conviene spenderlo ma tenerlo e probabilmente non sarà mai utilizzato come mezzo di scambio o comunque come valuta transazionale alla pari delle valute fiat; infatti, verosimilmente, si continueranno ad usare soprattutto gli euro ed i dollari.

Paradossalmente sembra persino migliore ma, in realtà, è a maggior rischio; il bello dell'oro è che se si possiede fisicamente un lingotto d'oro lo si possederà per sempre, non sparirà tra una cosa e l'altra.

Bitcoin ha un livello di rischio maggiore rispetto all'oro ma è talmente più comodo e talmente più facile da usare che probabilmente potrebbe anche, in determinati contesti, prendere il posto dell'oro come riserva di valore.

Sempre se dimostrerà veramente che ha natura deflattiva e che quindi mantiene, o addirittura aumenta, il suo valore nel tempo.

Esistono anche delle criptovalute dette stablecoin ancorate al valore dell'oro che lo simboleggiano, come fossero dei certificati di proprietà di oro fisico (che è realmente custodito dentro un caveau).

Si può dire che le criptovalute hanno risolto il problema della difficoltà dello scambio dell'oro perché, se al posto di scambiarsi oro fisico, si scambiano token di criptovalute con lo stesso identico valore dell'oro, praticamente si può anche usare l'oro come si fa con le monete transazionali.

Detto ciò, rimane la grande differenza tra Bitcoin e oro, ovvero la stabilità del valore.

Il valore dell'oro è relativamente stabile, non è fisso, varia e varia nel corso del tempo anche se molto lentamente.

Mentre il valore di Bitcoin è molto più volatile e ciò piace molto ai trader, ovvero a coloro che fanno investimenti e scambi sul mercato per cercare di guadagnare.

I trader infatti, difficilmente fanno scambi sull'oro, che varia poco, ma li fanno più probabilmente sulle valute stablecoin perché variano molto e possono guadagnarci molto di più.

Il Bitcoin, avendo una maggiore volatilità è quindi più adatto per le compravendite (il trading), la speculazione e gli scambi; mentre invece l'oro, è più adatto per la conservazione sul lungo periodo.

Le monete inflattive, come le fiat, rimarranno con molta probabilità i principali mezzi di scambio proprio perché inflattive (a patto che non si esageri con l'inflazione, che dovrà essere sempre controllata attorno al 2%).

Ma, fino ad allora, probabilmente continueranno ad essere usate come monete di scambio.

IL BITCOIN PUÒ SCENDERE SOTTO I MINIMI ED ANDARE SOTTO ZERO?

È possibile, in teoria, che il prezzo di Bitcoin torni a 0, ovvero esattamente lì dove era quando è stato creato nel gennaio del 2009 (più di 10 anni fa).

Ma è molto improbabile che ciò accada.

Il fatto che sia possibile non c'entra nemmeno lontanamente con il fatto che possa realmente accadere, anzi, è talmente improbabile che accada che si può dire che è un'opzione completamente da trascurare e tralasciare poiché è irrilevante allo stato attuale.

Osservando il grafico a scala logaritmica dell'andamento del prezzo di Bitcoin dall'inizio fino ad oggi, vediamo che all'inizio era 0 e lo è stato per un anno e mezzo, poi ha iniziato a salire prima verso quota 0,1, poi verso quota 1, poi verso quota 10, e ancora verso quota 100 e 1.000.

In seguito, è risceso ed è poi andato oltre quota 10.000 a fine dicembre del 2007 per poi ritornare indietro.

Da questo grafico si comprende che è molto difficile immaginare che da qui possa tornare a quota zero.

Il grafico (che potrete trovare su internet digitando semplicemente su Google "grafico Bitcoin") mostra l'andamento del prezzo per far capire che il trend in corso si mostra crescente e non si è mai innescato un trend decrescente che lo porterà fino a zero ma ha semplicemente oscillato nel tempo.

Quindi, se da un lato è assolutamente possibile che Bitcoin possa anche tornare ad avere 0 valore come all'inizio, dall'altro è anche estremamente improbabile, tant'è che non vale la pena considerarla come un'opzione realistica.

Anche l'euro, in teoria, potrebbe andare a 0 (come una qualsiasi altra moneta fiat, come il dollaro dello Zimbabwe che è andato a 0. Infatti ad un certo punto il suo valore reale, non quello nominale, dunque suo il potere di acquisto, si è completamente esaurito. Tant'è che il 12 aprile del 2019 è stato ritirato dal mercato dato che non valeva più nulla).

Anche le valute fiat possono correre il rischio di andare a zero come valore effettivo e di scomparire ma nessuno crede che l'euro possa andare a 0, mentre invece le monete fiat, come dimostra il dollaro dello Zimbabwe, possono andare a 0 tanto da essere anche ritirate dal mercato.

Le valute fiat possono essere distrutte dall'inflazione e portate al valore 0 ma per il Bitcoin l'iperinflazione non può esistere perché l'emissioni di nuovi Bitcoin è regolata e fissa, e non potranno mai essere emessi troppi Bitcoin.

Si è già arrivati a 17,5 milioni di Bitcoin emessi, e il massimo è di 21 milioni, quindi ne verranno emessi pochissimi.

Invece, nel caso della moneta fiat dove l'emissione è lasciata alla banca centrale, questa ne può emettere quanti ne vuole.

Queste sono le ipotesi che rendono estremamente improbabile che Bitcoin possa tornare a zero, come anche il fatto che l'euro possa andare a 0; infatti è talmente difficile che la si deve considerare un'ipotesi puramente teorica.

Per ora sappiamo solo che Bitcoin è molto volatile, quindi può anche scendere molto giù e salire altrettanto rapidamente.

LA NATURA DEFLATTIVA DEL BITCOIN

Bitcoin, dal punto di vista finanziario, è un asset che ha una caratteristica davvero unica: la sua politica monetaria deflattiva, dunque si oppone all'inflazione.

L'inflazione è l'aumento dei prezzi nel tempo e la svalutazione della moneta che spesso è causata dall'emissione di troppa moneta sul mercato che finisce per renderla di poco valore.

Il processo dell'inflazione è guidato dalle banche centrali, come la BCE, la banca centrale d'Europa o la Federal Reserve americana.

Le banche creano, appunto, molta moneta e la emettono sul mercato e la conseguenza è proprio l'inflazione.

Nella storia dell'umanità, non era mai esistita una moneta con politica arbitraria che non potesse essere cambiata o che non avesse natura inflattiva, e che quindi non subisse l'inflazione.

Qui entra in gioco Bitcoin che è nato con natura deflattiva, decisa sin dall'inizio per non essere mai più modificata in alcun modo.

I Bitcoin vengono distribuiti ogni 10 minuti, ovvero dopo che è stato inserito l'ultimo blocco della blockchain, e se ne distribuisce un numero preciso che viene deciso dal suo stesso protocollo. Questo numero viene dimezzato ogni anno perché c'è un limite al quale il numero di Bitcoin giungerà e, dopo il quale, non ne verranno più emessi.

Questa data si aggira attorno all'anno 2140. Mentre invece per le valute fiat deve essere mantenuto un tasso di inflazione, di aumento dei prezzi, del 2% ogni anno.

Bitcoin è caratterizzato dalla *chiusura* di una chiave privata, chi è dunque in possesso di Bitcoin ma perde per qualche ragione la chiave privata, non ne potrà più usufruire dal proprio wallet, ovvero dove si conservano.

Nel momento in cui non verranno più creati Bitcoin, ma si potranno solo perdere, sarà il momento in cui la moneta si mostrerà davvero deflattiva nonostante, nel corso del tempo, si sia mostrata già tale in numerose occasioni.

Questa non dipenderà dall'inflazione, perché non viene gestita da banche che invece applicano aumenti di massa monetaria alle monete fiat.

Bitcoin è stata creata proprio come una moneta che però non deve subire la svalutazione per mano delle banche, deve essere completamente autonoma da esse e dipendere dalla domanda e dall'offerta del proprio mercato.

Quando non verranno più prodotti Bitcoin, si avrà un'inversione di rotta e comincerà a notarsi di più la sua natura deflattiva.

Se si osserva lo storico della moneta fiat del dollaro americano, si può vedere come nel tempo abbia perso moltissimo potere d'acquisto.

Accade il contrario per Bitcoin che nel tempo non ha fatto altro che aumentare.

Anche se in futuro dovesse rimanere stabile la domanda di Bitcoin (perché appunto non se ne produrranno più), questo aumenterebbe comunque il suo valore visto che esso non dipende solo dalla domanda ma anche dall'offerta.

Certamente per poter dire con sicurezza che la natura di Bitcoin sia come è stata descritta fino ad ora, bisogna attendere con pazienza.

Ovviamente nessuno ha il potere di cambiarla o di modificarla, ma tutto può avvenire magari per ragioni finanziarie nel tempo.

L'unico mondo in cui essa non potrà essere mutata mai e poi mai è quello virtuale, ovvero nel suo protocollo di utilizzo.

Per tutte le ragioni elencate fino a questo punto Bitcoin è considerata migliore di molte altre criptovalute presenti sul mercato con natura deflattiva, perché è uno strumento finanziario che consente, almeno fino ad oggi, di combattere l'inflazione.

E' POSSIBILE CHE IL BITCOIN UN GIORNO SCOMPARIRÀ?

La notizia che minare Bitcoin non conviene più, è in realtà errata.

Si tratta della notizia pubblicata sul giornale "il Sole 24 ore" e qualcuno potrebbe pensare che, se non conviene più estrarre Bitcoin, allora questo potrebbe andare a morire insieme all'estrazione di sè stesso, cioè assieme al mining che è l'operazione necessaria per effettuare le transazioni.

Quindi se non c'è nessuno che mina Bitcoin, *il sistema cessa di funzionare*?

Non sta capitando e non capiterà.

Per comprendere il perché, bisogna partire dal presupposto che il mining non conviene più. Innanzitutto, il minimg è un'attività ricca di costi (più alti dei ricavi), in poche parole, chi mina lo fa in perdita non guadagnandoci ma rimettendoci dei soldi.

Infatti il mining consente effettivamente di estrarre Bitcoin che poi possono essere venduti sul mercato, specificamente a prezzo di mercato; ma tale attività ha anche dei costi notevoli perché si consuma moltissima elettricità perciò, se i costi sono maggiori dei ricavi, *perché qualcuno dovrebbe minare Bitcoin*?

L'ipotesi potrebbe essere quella che nessuno voglia più minare Bitcoin visto che il mining è fondamentale ma senza mining non ci sono transazioni ovvero Bitcoin.

Quindi questa notizia può sembrare vera ma è totalmente falsa per due motivi:

- Sebbene il prezzo di Bitcoin sia più o meno lo stesso in tutto il mondo, questo non vale per i costi.

Infatti il costo principale, ovvero quello dell'energia elettrica, varia perché essa ha un costo molto differente a seconda degli stati.

Ci sono ancora degli stati come il Venezuela, in cui il costo dell'energia elettrica è talmente basso che minare Bitcoin è ancora un'attività più che profittevole.

Quindi non c'è bisogno poi che ci siano così tanti miner in tutto il mondo per far sì che Bitcoin funzioni, se si mina dove conviene, il consumo è relativamente minore e c'è una prospettiva di guadagno maggiore.

Quindi, se ad esempio negli USA, in Italia, in Germania o in Giappone dovessero smettere di minare Bitcoin, magari invece in Cina ci sarà qualcuno che continuerà a minare; quindi basterà che ci sia qualcuno che continui a minare e Bitcoin andrà avanti.

Per questa ragione sarà molto difficile che il prezzo scenda sotto il costo minimo.

È bene ricordare, però, che se il prezzo di Bitcoin sale, tendenzialmente sale anche il costo del mining e, viceversa, quando il prezzo di Bitcoin scende, lo fa di conseguenza anche il costo del mining.

Bitcoin è stato creato in modo che le cose funzionino in modo semplice.

- Il valore di mercato può crescere o diminuire molto velocemente mentre, invece, il costo del mining cresce o diminuisce molto lentamente quindi, ad esempio, in momenti come questo, in diversi paesi nel mondo il costo del mining è superiore al prezzo di Bitcoin e bisognerà attendere un po' di tempo perché il processo non è immediato ma, se le cose rimarranno così, il costo del mining in automatico diminuirà.

Il mining è una competizione in cui ci sono tanti miners che competono per minare i blocchi e ricevere, quindi, in cambio 12,5 Bitcoin in premio per chiunque mina un blocco.

Questa competizione si fa con delle macchine che hanno elevata potenza di calcolo e che cercano di trovare degli **hash crittografici**.

Queste macchine consumano energia elettrica e, più sono potenti, più consumano energia elettrica.

Nel corso degli anni si riesce a ridurre il consumo a parità di potenza ma questo non avviene sul breve periodo, avviene solo nel corso degli anni.

Quindi, se per minare Bitcoin c'è bisogno di molta potenza di calcolo, allora inevitabilmente ci sarà un consumo elevato di energia elettrica che ovviamente avrà un costo altrettanto elevato.

In periodi come questo, in cui il prezzo di Bitcoin sul mercato è basso, il rischio è che questo costo elevato dovuto alla potenza di calcolo elevata sia maggiore del prezzo di mercato.

Infatti, in questo momento, alcuni minatori stanno spegnendo le loro macchine in modo da non consumare energia elettrica perché altrimenti minerebbero in perdita.

Il punto è proprio questo perché, più il prezzo scende, più alcuni miners saranno costretti a spegnere le loro macchine per ridurre il consumo.

Se qualcuno spegne le macchine perché non gli conviene, gli altri (ovvero quelli che non hanno spento le macchine perché non gli conviene), guadagneranno di più perché sarà ridotta la concorrenza.

Quindi, più scende il prezzo, più diminuisce la potenza di calcolo che viene impegnata per minare i Bitcoin e più si riducono i costi per quelli che possono ancora minare senza perderci.

Chi spegnerà le macchine aspetterà finché il prezzo del Bitcoin non tornerà alto, ma gli altri, anche se saranno di meno, continueranno a minare finché gli converrà.

Bisogna però dire che la presenza dei miners che non spengono mai le macchine, sono un semplice riflesso del fatto che il sistema funziona bene anche se ci sono pochi miners.

Bitcoin è stato creato in modo che, anche se si riduce la potenza di calcolo, questo sul lungo periodo non ha impatto sul funzionamento del sistema.

In particolare, c'è un parametro che si chiama difficulty, che cresce o diminuisce a seconda di quanto cresce o diminuisce la potenza di calcolo in modo da assicurarsi che in media venga sempre minato il blocco ogni 10 minuti circa.

Quindi la difficulty varia in modo completamente automatico, assicurandosi che a prescindere dal fatto che ci sia tanta potenza di calcolo o poca potenza di calcolo, Bitcoin continuerà a essere minato al ritmo di un blocco ogni 10 minuti.

Ad oggi non c'è il pericolo che il basso prezzo del mining possa far scomparire Bitcoin perché non conviene e non ci sarà nemmeno in futuro; questi adeguamenti sono automatici, seppure lenti, perché il prezzo varia in maniera molto veloce ma le variazioni di hash power, cioè della potenza di calcolo e della difficoltà, sono un po' più lente.

PERCHE' MOLTE CRIPTOVALUTE SPARIRANNO?

Nei prossimi 50 anni potrebbe accadere con Bitcoin qualcosa di simile a quello che è accaduto con **TCP/IP**.

Quando internet è stato creato, si stava cercando un protocollo da utilizzare per le comunicazioni all'interno di esso e, tra gli anni '70 e '80, ci fu una vera e propria guerra di protocolli dalla quale ne emerse vittorioso uno solo, il **TCP/IP**.

C'erano tantissimi altri protocolli ancora nel 1990 che poi praticamente sono stati abbandonati.

C'è un'ipotesi secondo la quale qualcosa del genere potrebbe appunto capitare a Bitcoin perchè, se non si pensa a Bitcoin come ad un asset finanziario o ad una tecnologia informatica, ma lo si guarda come un protocollo (cosa che d'altronde è), non è impossibile che un domani questo si affermi come base dell'intero sistema cripto e che sia fondamentalmente l'unico.

D'altronde Bitcoin al giorno d'oggi ha già due unicità:

- La sua capitalizzazione di mercato che è superiore alla somma di tutte quelle delle altre criptovalute (quindi il mercato è suddiviso con metà Bitcoin);
- Si sta già sviluppando stable coin, ci sono già i cosiddetti Bitcoin layer come ad esempio lighting network che sono secondi livelli aggiuntivi che sono stati introdotti e che si basano sul protocollo Bitcoin.

Anche internet funziona nello stesso identico modo, ad esempio il web è a un livello superiore con http, con html, con il server client e con i browser perché banalmente il protocollo **TCP/IP** consente a tutti i server computer connessi ad internet di comunicare tra di loro.

Quindi, se l'evoluzione del protocollo Bitcoin dovesse seguire la stessa sorte dell'evoluzione che ha seguito il TCP/IP, tra qualche anno, o qualche decennio forse, ci si ritroverà ad avere moltissimi livelli superiori sviluppati su Bitcoin e ad avere quest'ultimo come unico standard di base, o comunque come uno standard utilizzato da tantissimi sistemi.

Infatti l'unico vero oro digitale è Bitcoin e, in teoria, altri protocolli si possono sviluppare anche su altre criptovalute.

Tra criptovalute e token, in circolazione sono più di 2.000 quelli che si basano su piattaforme terze, come ad esempio tutti i token che si basano su Ethereum; in futuro, ne potranno esistere tantissimi e potrebbero essere rilasciati sul mercato ma, se ci si concentra sulle criptovalute, cioè sulle piattaforme, sui protocolli e sulle blockchain, c'è da dire che in realtà non tutti le usano e sarà ben difficile che ne sopravvivano almeno 80 o più.

Si avvierà la cosiddetta tokenizzazione dell'economia, si pensi che ogni azienda che ha un'azione che viene scambiata sul mercato potrebbe essere dotata di token.

Bitcoin con la sua natura deflattiva è completamente decentralizzato e ha delle ottime chance di sopravvivere e diffondersi ancor di più in futuro.

Poi ci sono probabilmente altri protocolli simili che si faranno spazio anch'essi ma, così come oggi, praticamente tutto il traffico che c'è su internet si basa sull'utilizzo del protocollo TCP/IP usando questi livelli superiori come le app (che sono un livello di questo tipo), oppure i motori di ricerca per i quali vale la stessa tipologia.

Qualcosa del genere potrebbe capitare, anzi facilmente capiterà con Bitcoin: si avrà Bitcoin come protocollo standard di utilizzo che lascerà comunque poco spazio per altri protocolli o altre criptovalute e blockchain.

Non tutte spariranno completamente perchè c'è da chiarire che in alcuni ambiti sono più performanti ma nel momento in cui si avranno molti Bitcoin layer sviluppati sul grosso del mercato dell'utilizzo delle criptovalute utilizzeranno Bitcoin.

Quindi, in sintesi, da un lato c'è Bitcoin che potrebbe imporsi come standard e occupare la gran parte del mercato delle criptovalute grazie a second layer, cioè ai protocolli che vengono sviluppati sopra il protocollo di base di Bitcoin, dall'altro c'è il fatto che in futuro sarà possibile emettere token anche sulla blockchain di Bitcoin e che ci sarà in atto dappertutto un'organizzazione dell'economia, dove i token vengono scambiati tramite second layer basati su Bitcoin.

C'è un'ultima cosa da dire: gli altri protocolli per le altre blockchain che si occuperanno di fare quello che fa Bitcoin, con molta probabilità non ci riusciranno.

Non saranno eliminati ma il loro utilizzo diminuirà drasticamente.

Vi sono tanti progetti molto interessanti che stanno avanzando, ma il problema è che queste piattaforme sono moltissime, è una schiera di criptovalute dalla quale non potranno sicuramente emergere tutte, magari tra il 5% e il 20%.

LA DEFI

Con il termine **DeFi** si indica il **Decentralized Finance**, cioè la finanza decentralizzata.

La stessa Finanza Decentralizzata è costituita da strumenti finanziari che non sono gestiti da singoli soggetti ma in linea di massima da protocolli informatici pubblici.

I protocolli pubblici sono degli **smart contract** che girano sulla blockchain (come quella di Ethereum) e si possono trovare facilmente.

Stanno ad indicare il codice di programmazione in chiaro (che leggendo si può anche intuire esattamente come viene effettuato) che viene eseguito dalla macchina virtuale di Ethereum, che è appunto una rete decentralizzata e dunque non controllata da nessuno ma semplicemente basata su un protocollo pubblico **open source** che viene eseguito su tutti i nodi Ethereum e cioè il computer sul quale viene installato un nodo.

Ci sono anche altre piattaforme oltre a questa che consentono l'esecuzione di smart contract decentralizzate, però Ethereum è quella più utilizzata tra tutte.

Gli smart contract su cui si basa la finanza decentralizzata non sono dunque nient'altro che dei programmi fatti da un codice che viene eseguito in automatico dai nodi o dai software della rete, dunque della blockchain.

Perciò non sono controllate o controllabili da nessuno poiché vi possono essere inseriti degli input provenienti dall'esterno che potrebbero essere controllati da altre persone facendo funzionare lo smart contract in un modo o nell'altro.

In genere quelli fatti meglio sono quelli che o non hanno input che provengono dall'esterno oppure, se li hanno, utilizzano i cosiddetti **oracoli decentralizzati** che permettono di inviare smart contract con dati provenienti dall'esterno.

Questi possono essere di vario tipo tra semplici e complessi però, a monte, il funzionamento è decisamente complesso.

Bisogna comunque prestare attenzione poiché non sempre sono affidabili o accurati; esistono, infatti, dai primi tempi del 2018 quindi si è agli arbori di queste nuove tecnologie.

I loro strumenti hanno avuto una forte influenza durante l'anno 2020, si possono tutti trovare e verificare sul loro sito "defipulse"

Il protocollo dominante al momento è denominato AAVE e vale circa 1,5 miliardi di dollari, seguito da MAKER con meno di 1,5 miliardi e in fine CURVE con 0,5 miliardi.

Chi vuole utilizzare questi protocolli deve necessariamente depositare delle criptovalute all'interno dello smart contract e, fintanto che questi soldi rimangono all'interno dello smart contract, l'utente può utilizzarlo; se invece li ritira non può continuare l'uso dello strumento.

Il volume di token immobilizzato all'interno dei protocolli è espresso in dollari americani e dà l'idea di quali sono i protocolli che sono stati più utilizzati tra tutti.

Per ognuno di questi protocolli, si può vedere la curvatura al ribasso o al rialzo.

Questi dati servono per comprendere qual è lo storico dei protocolli e ad esprimere la fiducia degli utenti perché, se tanti utenti hanno voluto immobilizzare i token all'interno di uno smart contract, si può immaginare che sia ritenuto comunemente come un protocollo di maggior fiducia.

Invece quelli che hanno convinto meno persone a depositare i token, hanno magari un livello di fiducia inferiore.

È bene ricordare che queste piattaforme sono recentissime e che spesso e volentieri tendono a fallire in breve tempo (anche se non lo si augura), e rischiano di portare via con loro i token che gli utenti hanno depositato.

Inoltre, sono protocolli che momentaneamente non sono alla portata di tutti ma portano guadagno perlopiù agli esperti del settore.

Per comprendere l'attività che svolgono i protocolli è opportuno consultare il sito di DeFi perché vengono distinti e categorizzati in **protocolli di prestito, Exchange decentralizzati, Exchange derivati, strumenti per i pagamenti e gli asset**.

I più utilizzati sono i protocolli di prestito e funzionano nel seguente modo:

Se si hanno a disposizione dei token, delle criptovalute, si possono immobilizzare in uno di questi protocolli che erogano prestito e, nel frattempo, si può prendere un prestito da un altro token.

Il caso classico, per esempio, è quello di depositare Ether per ottenere in prestito altre stablecoin, un altro ancora è farsi prestare questi token per fare **trading a margine,** dunque con leva finanziaria che consiste nello scommettere sulla variazione di prezzo delle criptovalute utilizzando quindi, non solo fondi propri, ma anche quelli presi in prestito.

Quest'ultima è una procedura molto rischiosa.

Gli Exchange decentralizzati sono siti in cui si possono scambiare criptovalute, comprare e vendere, ma anche fare trading.
Però non sono gestiti da nessuno se non dallo smart contract.
Vediamo alcuni dei vantaggi degli Exchange decentralizzati:

- Negli Exchange tradizionali si devono consegnare i token al gestore degli Exchange e, nel caso in cui ci siano dei problemi, i token potrebbero rischiare di essere perduti per sempre.

Il contrario succede con quelli decentralizzati poiché è il diretto proprietario dei token a rimanere sempre tale ed avere l'esclusività sui propri token.

Magari si possono perdere nel processo di trading, ma non potranno essere persi per mano di altri se non del proprietario.

- Gli strumenti decentralizzati potrebbero trovarsi in qualunque ambiente della finanza ma hanno un solo grosso limite, ovvero il fatto che possono esistere e operare solo all'interno del sistema di rete della piattaforma sulla quale vengono caricati i rispettivi smart contract.

Quindi uno smart contract sulla rete di Ethereum può girare appunto solo su questa rete.

Questo rende molto complicato il riuscire ad utilizzare per esempio valute tradizionali, le fiat, all'interno degli strumenti di finanza decentralizzata poiche non sono compatibili.

Il trucco è utilizzare token che rappresentino la valuta fiat, il più famoso, descritto in precedenza è l'USDT che gira all'interno della rete Ethereum e può essere utilizzato dagli smart contract che girano su Ethereum ma, in realtà, rappresenta i dollari americani, a tutti gli effetti contenuti su un conto bancario.

- Alcuni di questi protocolli hanno un loro token quindi emesso, per l'appunto, dallo smart contract che magari, nel corso degli ultimi mesi, ha visto aumentare in maniera notevole il suo valore, uno di questi è **YFI.**

La finanza decentralizzata è difatti in un momento di grande crescita e, di conseguenza, vi sono alcuni nuovi strumenti che esordiscono in questo mercato e che hanno molto successo.

Proprio per le enormi aspettative che supportano la DeFi *lo scoppiare della bolla*, ovvero la caduta di valore, significherebbe un grande rischio per la piattaforma intera.

È dunque importante fare attenzione a rischi di questo tipo e conoscere bene l'andamento di questi protocolli prima di investire in essi, e dunque non comprare a prezzi in bolla, ovvero troppo alti, che potrebbero perdere il valore in poco tempo.

IL VALORE DEL BITCOIN DIPENDE DAL COSTO DEL MINING?

Il valore di mercato di Bitcoin, ovvero il suo prezzo, o tasso di cambio, in dollari americani non dipende dal costo del mining.

Il prezzo del Bitcoin è dato solamente dal rapporto tra domanda ed offerta pertanto, se il costo del mining aumenta, non è detto che aumenti anche il prezzo di Bitcoin.

Il grafico che dà un'idea dell'andamento del costo mining e il grafico del prezzo del dollaro messi a confronto mostrano come il prezzo di Bitcoin è salito e poi dopo, di conseguenza, è salito quello del mining, poi ad un certo punto il prezzo di Bitcoin ha iniziato a scendere e dopo praticamente quasi un anno ha iniziato a scendere anche il costo del mining.

Se il prezzo di Bitcoin dipendesse da quello del mining, l'ascesa e la discesa del prezzo di quest'ultimo sarebbe avvenuta prima di quella del Bitcoin e non si sarebbe comportato in questo modo.

Ad oggi il volume di tutti i Bitcoin che sono stati scambiati è di circa 55.000; il prezzo è determinato da un volume di scambi molto grande piuttosto che dai Bitcoin che già sono in circolazioni e che già sono stati minati, quindi il prezzo di Bitcoin non ha seguito il costo del mining ma viceversa.

Inoltre, il volume dei Bitcoin che vengono minati e immessi sul mercato è minore rispetto al totale dei volumi scambiati.

Il prezzo dunque non si determina nel momento in cui questi Bitcoin minati vengono immessi sul mercato perché il mercato scambia volumi molto maggiori.

Il mercato determina il prezzo di Bitcoin in maniera indipendente rispetto al mining e ai costi del mining ma è vero il contrario, cioè i costi del mining seguono le variazioni di prezzo del Bitcoin.

Nel momento in cui il prezzo dovesse salire, visto che il mining è una competizione, significa che i miner potranno investire di più e spendere di più in corrente elettrica per minare Bitcoin (perché tanto, se eliminano altri miner, valgono di più).

Quando il prezzo aumenta, di conseguenza, anche se molto più lentamente, aumenta anche il costo del mining perché aumenta la competizione tra i miner che investono di più quando il prezzo scende.

Avviene l'esatto contrario se i miner da questi Bitcoin che estraggono dalla rete ci ricavano di meno e sono costretti a ridurre i costi (altrimenti andrebbero in perdita).

Ma l'investimento oppure un decremento dell'investimento dei miner, avviene sempre molto tempo dopo la crescita o la riduzione dei prezzi di Bitcoin.

La rete Bitcoin funziona sempre nello stesso modo a prescindere dal costo del mining, cioè se il mining costa di più o costa di meno, verranno emessi sempre solamente 12,5 Bitcoin ogni 10 minuti in modo che venga sempre rispettato il numero prestabilito.

Anche se vengono emessi ogni 10 minuti il loro valore cambia nel corso del tempo a seconda del prezzo, quindi i miners per continuare a guadagnare sono costretti ad adeguare i loro costi alle variazioni di prezzo.

Inevitabilmente il costo mining sale per poter aumentare gli investimenti e quando invece il prezzo scende, i miner sono costretti a spegnere le macchine per evitare di farle produrre in perdita.

Infatti il mining consuma energia elettrica a dei costi molto elevati.

BITCOIN MINING

Minare Bitcoin non è assolutamente guadagnare dal nulla, infatti i miners svolgono tutt'altra attività e loro non si occupano di creare i Bitcoin.

Questi vengono creati dal protocollo di gestione che stabilisce anche quanti ne creerà e quanti ne distribuirà

I Bitcoin vengono rilasciati ogni 10 minuti, quindi dopo che un nuovo blocco verrà aggiunto alla blockchain (catena di blocchi).

La gara per vincere i Bitcoin in ballo consiste nel trovare la chiave crittografica giusta che consente di concatenare l'ultimo blocco a quello nuovo.

Questa chiave deve essere trovata in 10 minuti, e lo si fa utilizzando hardware competenti e molto potenti.

Chi lo fa riceve in cambio la somma di 12,5 Bitcoin.

Questa somma si dimezza ogni 4 anni poiché Bitcoin dispone, come da protocollo, di un numero fisso di moneta che lascia in circolazione, dopo di che non ne emetterà più.

Chi non dispone della potenza di calcolo necessaria, si troverà in grande svantaggio di fronte ad altri miners che magari utilizzano software di calcolo molto più potenti.

Si potrebbe anche riuscire a non minare mai un blocco, ma si è trovata una soluzione alquanto solidale, ovvero i pool.

Queste sono delle riunioni di miners che condividono la propria potenza di calcolo

Ovviamente questo non significa che una volta entrati in un pool si vincerà e basta.

Bisogna disporre della propria attrezzatura che deve essere conforme, potente e puntualmente aggiornata in quanto la potenza di calcolo richiesta può essere aumentata in base alla difficoltà con la quale è stato minato il blocco precedente.

Perciò sarà bene essere muniti di tutti questi materiali per poter anche solo sperare di poter gareggiare in potenza computazionale con altri miners attrezzati.

Infine si dividono gli eventuali incassi e qui bisognerà fare i conti con i costi, poiché chi mina dall'Italia paga un costo di energia molto elevato rispetto a chi lo fa da paesi dove essa costa di meno.

Questo è un rischio che si può presentare e in tal caso si farà lavorare in perdita il miner.

Qualora si volesse evitare il costo dell'attrezzatura c'è il cloud mining.

Purtroppo non tutti sono onesti e si contano sulle dita della mano i cloud mining affidabili, in quanto è molto facile essere truffati se si lasciano soldi a chi vuole far credere di voler solo aiutare a guadagnare.

SI PUÒ MINARE GRATIS IL BITCOIN?

Minare gratis non è assuolatemene possibile perché il mining del Bitcoin ha un costo di consumo elettrico.

Per esempio, in Italia questo costo è particolarmente elevato e dunque non conviene farlo da qui.

Alcune soluzioni possono essere minare da luoghi dove l'energia ha un costo basso oppure autoprodurla tramite un impianto fotovoltaico.

Il costo non si ferma all'energia ma per minare bisogna disporre di un'eccellente potenza computazionale e, per averla, è importante investire in un buon hardware interno, o acquistarne uno esterno e sfruttare delle schede grafiche molto potenti

Ovviamente questa tecnologia ha un costo elevato, data la sua potenza.

Per minare Bitcoin infatti non si possono comprare attrezzature un po' per volta, mentre lo si fa. È bene avere già tutto pronto assicurandosi che tutta l'attrezzatura sia corretta e perfettamente funzionante.

Un'altra opzione, anche se discutibile, è fare uso dei cloud mining, ma resta il fatto che minare gratis è impossibile; si può solo rientrare dalle spese investite all'inizio in attrezzature e consumi, semplicemente impegnandosi per guadagnare plusvalore e coprire queste spese.

PERCHE' NESSUNO VENDE BITCOIN QUANDO IL PREZZO SCENDE?

In un grafico, molto curioso e molto interessante, che riguarda in particolare il volume degli scambi di Bitcoin durante i periodi di bull (il prezzo sale) e di bear (il prezzo scende), la cosa interessante da notare è la suddivisione per cicli e dunque per periodi; questo mostra che nell'ultimo ciclo, a fine 2018, il prezzo ha toccato i nuovi minimi e dopo il massimo storico di fine 2017, durante quei momenti in cui il prezzo di Bitcoin scendeva, i volumi di scambi si riducevano al minimo.

Questo grafico mostra questi quattro cicli, ognuno dei quali è identificato dal minimo toccato dopo il massimo.

Per ognuno di questi quattro cicli mostra il volume degli scambi nei giorni in cui il prezzo è salito e nei giorni in cui il prezzo è sceso.

- Durante il primo ciclo (dal 2010 fino alla fine del 2011), il volume degli scambi è abbastanza sostenuto però ci sono anche dei bei volumi di scambio quando il prezzo è sceso.
- Nel secondo ciclo (dal 2012 fino al 2015) si può osservare che il volume degli scambi quando il prezzo è salito era nettamente superiore al volume degli scambi quando il prezzo di Bitcoin scendeva.
- Nel terzo ciclo (concluso nel 2018) c'è una netta prevalenza di scambi in quanto il prezzo saliva, mentre c'è una diminuzione del volume degli scambi quando il prezzo scende.

La cosa interessante è che nel cliclo da dicembre 2018 fino a luglio 2009, il volume degli scambi quando il prezzo scendeva è talmente piccolo che non si nota, cioè negli ultimi sette mesi gli scambi che si sono effettuati sulla blockchain di Bitcoin si sono avuti praticamente solo nei giorni in cui prezzo saliva, altrimenti, nei giorni in cui il prezzo scendeva il volume degli scambi è stato minimo.

Questo può significare due cose:

> Negli ultimi sette mesi, nei giorni in cui il prezzo è sceso, di Bitcoin scambiati ce ne sono stati pochissimi, quasi niente.

> La causa sarebbe relativa i cosiddetti **OTT**, cioè coloro che acquistano Bitcoin per non rivenderli, cioè cambiano valuta fiat in Bitcoin per tenerseli e non tornare più in valuta fiat, in altri termini, la stragrande maggioranza dei possessori di Bitcoin, quando il prezzo scende, non vende.

Questa è un'ipotesi che sembrerebbe essere supportata dai dati precedenti; in fondo, negli ultimi sette mesi non c'è mai stato un crollo clamoroso di Bitcoin, dunque, un momento di panico in cui tutti sono andati a vendere nei giorni in cui il prezzo è sceso, poiché dopo che la discesa si è fermata, il prezzo è tornato a salire. Questo accadde molto probabilmente perché le persone che vendevano Bitcoin durante quella fase erano davvero pochissime.

Il ragionamento può valere anche al contrario, cioè nei giorni in cui il prezzo di Bitcoin è salito, negli ultimi sette mesi, il volume degli scambi è stato notevole.

Si scambiavano molti Bitcoin e il giorno in cui invece il prezzo scendeva, gli scambi si sono ridotti al minimo.

In altre parole sembrava quasi che nessuno volesse vendere Bitcoin nei giorni in cui il prezzo scendeva e questo probabilmente potrebbe avere innescato, durante i giorni di calo, un arresto alla caduta del prezzo, proprio per mancanza di venditori.

Una precisazione importante da fare è che i dati riportati in questo grafico non si riferiscono agli Exchange, ma solamente alle transazioni su blockchain.

Infatti, non tengono in considerazione le transazioni eventualmente effettuate con lighting network.

Ciò che è rilevante è il fatto che non ci sono transazioni quando il prezzo scende ma ce ne sono molte quando il prezzo sale.

Non ci sarebbe da stupirsi infatti, ogni volta che avviene uno scambio, c'è qualcuno che invia e qualcuno che riceve, qualcuno che vende e qualcuno che compra quindi qui il volume che vediamo è allo stesso tempo sia volume di acquisto che di vendita. La discriminante sta nel giorno in cui sono stati effettuati questi scambi, cioè nei giorni in cui il prezzo di Bitcoin saliva poiché c'erano molte persone che vendevano e acquistavano, al contrario nel giorno in cui Bitcoin scendeva c'erano pochissime persone che vendevano e acquistavano.

HALVING DI BITCOIN

HALVING significa **dimezzamento** ma quando ci si riferisce a Bitcoin ha un'altra accezione.

Si tratta, infatti, del mining che serve da un lato per convalidare le transazioni, ma dall'altro anche per creare nuovi Bitcoin.

Infatti al miner che riesce a minare un blocco, ovvero a convalidare il blocco, viene dato un premio che consiste in nuovi Bitcoin che vengono proprio creati all'interno del blocco che è stato minato.

Per capire l'halving, c'è da dire solo che ogni volta che viene minato un blocco, vengono creati dei Bitcoin e regalati al miner che è riuscito a minare quel blocco.

Il premio che viene dato al miner non rimane fisso per sempre.

Quando nel 2009 Satoshi ha creato e iniziato a minare Bitcoin, il premio era di 50 Bitcoin ogni volta che qualcuno minava il blocco.

Se si prende in considerazione che viene minato il nuovo blocco ogni 10 minuti, si può capire che 50 Bitcoin ogni 10 minuti nell'arco, per esempio, di un anno sono già una gran bella cifra.

Ma Satoshi ha avuto un'idea: ha fatto in modo che **ogni quattro anni questo premio si dimezzasse** ed ecco l'halving.

Questo dimezzamento ebbe inizio nel 2012 quando erano solo 25 i Bitcoin che venivano creati in ogni blocco e quindi regalati al miner che lo minava.

Poi nel 2016 c'è stato un secondo halving che ha portato questa cifra agli attuali 12,5 Bitcoin, quindi al 2019 vengono creati ogni 10 minuti 12,5 Bitcoin e regalati al miner che riesce a convalidare un blocco.

Il prossimo halving è avvenuto nel maggio 2020 diventando di 6,25 Bitcoin.

Attorno all'inizio del 2024 diventeranno 3,125 e così via.

Quindi nel corso degli anni diminuisce la quantità di nuovi Bitcoin che vengono generati fino a quando ad un certo punto non verranno più creati Bitcoin e non verrà più distribuito nessun premio ai miners.

Non c'è da avere paura però perché i miner non guadagnano solo con il premio ma anche con le fee.

L'inflazione della massa circolante, cioè l'aumento delle monete in circolazione tende a causare una riduzione dei prezzi mentre invece in Bitcoin questa inflazione è controllata, ma in diminuzione nel tempo fino ad andarsi ad esaurire.

Questa è la cosiddetta **natura deflattiva di Bitcoin** che poi è il contrario della natura inflattiva delle monete fiat tradizionali.

L'idea che sta alla base del ragionamento di Satoshi è che se le valute fiat tradizionali con il tempo perdono potere d'acquisto (perdono valore proprio a causa dell'inflazione), invece Bitcoin dovrebbe avere una natura deflattiva che gli potrebbe garantire il contrario, cioè l'aumento del potere d'acquisto nel tempo.

Purtroppo c'è un equivoco e spesso il termine "inflazione" viene usato per indicare l'incremento dei prezzi e quindi la diminuzione del potere d'acquisto della moneta, ma in realtà originariamente si riferiva proprio all'aumento della massa circolante.

Ad oggi l'inflazione della massa circolante di Bitcoin è più o meno pari al 4%, quindi con il halving di maggio 2020, questa inflazione è scesa sotto il 2%.

Non si sta parlando dell'inflazione dei prezzi di Bitcoin ma dell'inflazione della massa circolante, cioè del numero di Bitcoin in circolazione.

Invece, per quanto riguarda il target delle banche centrali sull'inflazione delle valute fiat si intende la riduzione del potere d'acquisto a causa dell'aumento dei prezzi, che è una cosa comunque collegata all'argomento ma decisamente diversa.

Nel 2024 l'inflazione della massa monetaria di Bitcoin scenderà addirittura sotto l'1%.

È un po' difficile avere delle certezze su come si comporterà il prezzo di Bitcoin durante i prossimi anni però c'è da dire che il ragionamento ad oggi sembra essersi rivelato corretto.

Non è detto che un domani continui esattamente alla stessa maniera.

BITCOIN E BORSE

Talvolta, quando le borse calano, lo fa anche il valore di Bitcoin.

Per spiegare questo fenomeno bisogna iniziare dal guardare l'andamento nel tempo dei Bitcoin, dunque tutte le crescite e le diminuzioni che ne descrivono il valore, e confrontarle con quelle delle borse (S&P 500 lo standard azionario americano).

È bene avere una panoramica degli anni perché si vede chiaramente come le due non sembrino affatto collegate, difatti dagli inizi del 2018 ad oggi si trovano poche e rare coincidenze di movimento, per il resto, si contraddicono a vicenda.

Questo processo è dovuto alla questione della **liquidità** (il possesso di denaro liquido).

Sul mercato finanziario, in genere, gli operatori tendono ad usare la moneta per comprare asset finanziari (cioè per investire) che poi a loro volta rivendono per re-incassare la moneta utilizzata in precedenza.

Quest'ultima moneta viene investita nuovamente.

In altre parole, l'obiettivo degli operatori del mercato finanziario è quello di investire la moneta, dunque utilizzare la liquidità, per acquistare asset.

Sulla base di questo concetto, quando si sospetta che vi sarà un calo del prezzo dei vari asset finanziari, molti operatori sul mercato vendono gli asset per incassare la moneta perché cercano, in qualche modo, di tornare in possesso di moneta per poterla utilizzare per acquisire altri asset.

Questo avviene quando vi è una qualsivoglia crisi o quando si nota che i valori degli asset finanziari sono in procinto di calo di valore.

Il risultato è l'aumento della domanda di moneta, in questo caso chiaramente si fa riferimento ai dollari americani, ed è proprio per questo che gli operatori o gli utenti vendono immediatamente gli asset: per garantirsi più liquidità.

Spesso si commette l'errore di non considerare il dollaro americano o gli euro come asset finanziari, quando in realtà lo sono a tutti gli effetti.

Vi è un intero mercato dedicato allo scambio di monete che viene chiamato **Forex.**

Anche Bitcoin, in fondo, si comporta come una moneta quindi, quando si parla di dollari sul mercato finanziario, si parla di un asset come tanti altri con le sue caratteristiche e peculiarità ma che viene scambiato nello stesso identico modo.

Ciò significa che il dollaro americano viene scambiato in maniera identica al Bitcoin o alle azioni, rispondendo alle stesse regole di scambio.

Allo stesso modo in cui, quando in molti vogliono acquistare Bitcoin (aumenta la domanda), esso aumenta di valore (aumenta il prezzo), allo stesso modo, quando molti vogliono acquisire dollari ovvero vendere i propri asset, aumenta anche il valore del dollaro.

Comunemente il valore di Bitcoin viene considerato come prezzo in dollari, cioè il suo tasso di cambio in dollari.

Questo prezzo inevitabilmente si riduce quando aumenta il valore del dollaro.

Se sul mercato c'è dunque una domanda di dollaro, come detto sopra, il suo prezzo o valore aumenta in corrispondenza della domanda.

Ed è questo il motivo per cui, se cala il prezzo di Bitcoin, spesso calano anche i prezzi delle azioni o viceversa, poiché dipende tutto dal fatto che il punto di riferimento è il dollaro che caratterizza entrambe le cose e che sposta il loro valore in base all'esigenza del momento.

Questo è un fenomeno che spiega solo parzialmente la coincidenza tra Bitcoin e azioni, perché potrebbe anche accadere che aumenti la domanda di Bitcoin o di azioni e non di dollari.

La dinamica che fa sì che una variazione repentina del valore del dollaro americano abbia effetti sui prezzi dei Bitcoin e delle azioni dei mercati americani (che sono entrambi espressi in dollari) ha effetti macroscopici, soprattutto quando il valore del dollaro americano varia molto sul breve periodo.

Infatti, nei periodi in cui la variabilità del prezzo del dollaro è più costante ed essenzialmente si nota meno, questa dinamica non avviene.

Il recente aumento del valore del dollaro potrebbe essere seguito poi da un nuovo calo che riporti il valore del dollaro alla quota che aveva qualche settimana prima.

È bene aspettarsi che se questa dinamica si ripete di nuovo possa agire nuovamente sul prezzo di Bitcoin e su quello delle azioni scambiate sulle borse americane.

IL CONSUMO DI BITCOIN POTRA' DIMINUIRE COL PASSARE DEL TEMPO?

Una delle maggiori preoccupazioni per quanto riguarda il Bitcoin riguarda il suo consumo energetico; infatti esso consuma molta energia elettrica ma quello che non tutti sanno è che questo consumo nell'arco degli anni, anzi dei decenni, andrà a diminuire.

Innanzitutto il consumo di Bitcoin non deriva dalle transazioni, perché è vero che le transazioni consumano energia, ma essa è pochissima.

Il consumo viene soprattutto dal mining, cioè dalla cosiddetta proof of work, l'attivita che deve essere fatta per convalidare i blocchi.

Per ogni blocco convalidato, ad oggi, vengono regalati 12,5 Bitcoin ovvero più di 40.000 euro per ogni singolo blocco.

Ricevere 40.000 euro per ogni blocco minato significa che si può investire moltissimo denaro in corrente elettrica per minare, ma in realtà poi la situazione è più complessa, perché il mining è una competizione e riceve il premio solo il singolo miner che riesce a minare un blocco.

Non è sempre lo stesso, quindi bisogna minare per tentare di eliminare molti blocchi in perdita senza riuscirci prima di arrivare a minarne anche uno solo.

Quando, da un momento all'altro, i ricavi dei miners si dimezzeranno loro non potranno fare assolutamente niente.

L'unica cosa da fare sarà ridurre i costi e in quel momento, inevitabilmente, si dimezzeranno i ricavi e l'unico modo per continuare a guadagnare è ridurre tutto (quasi del 100%), soprattutto l'energia elettrica.

In poche parole, se si dovranno di punto in bianco dimezzare i costi, non si potrà fare altro che ridurre il consumo di energia elettrica.

Per quando i premi finiranno, i miners hanno già una strategia che dovrà necessariamente passare per una riduzione dei costi, anzi, per un dimezzamento dei costi.

C'è anche un altro fenomeno che incide sui consumi di Bitcoin ed è il prezzo di Bitcoin perché quei 12,5 Bitcoin sono sempre gli stessi che diventeranno 6,25, ma il loro valore cambia nel corso del tempo e possono essere anche aumentati i costi e quindi i consumi (che è quello che sta avvenendo). Dal momento dell'halving del 2016, in realtà, i consumi sono aumentati perché è aumentato di molto il prezzo.

Il consumo è aumentato perché è aumentato il valore dei premi di Bitcoin ed è stato aumentato il costo, visto che nella competizione si cerca di investire il più possibile per eliminare quanti più blocchi.

Quindi, se il prezzo di Bitcoin continuasse a salire, i costi di estrazione di Bitcoin potrebbero tranquillamente tornare a salire e quindi far salire anche i consumi.

Si hanno, allora, due fenomeni contemporanei: da un lato, il rialzo dei prezzi di Bitcoin che portano un rialzo dei costi e quindi dei consumi del miner e, dall'altro, il dimezzamento del premio e i ricavi del mining e quindi di conseguenza anche i costi e consumi.

Ad oggi, il primo fenomeno, cioè l'aumento del prezzo, è preponderante e quindi i consumi di Bitcoin sono in aumento costante per monetine, nel senso che ogni tanto scende un poco, ogni tanto risale, però il trend è quello di una crescita.

Dopo il 2020 il prezzo non dovrebbe avere chissà quale particolare impatto e potrebbe continuare a crescere, quindi anche il consumo potrebbe continuare a crescere lo stesso ma tra un po' di tempo diventerà più significativa la riduzione del premio perché, ad un certo punto, il prezzo del Bitcoin potrebbe smettere di crescere (e quindi aumenterebbe il consumo di energia).

Pertanto, ancora per qualche anno, il consumo di Bitcoin continuerà ad aumentare ma, atteso qualche decennio, inizierà a ridursi perché il mining guadagnerà sempre di meno e sarà costretto, per forza di cose, a ridurre i costi e quindi i consumi di energia.

Ovviamente il consumo non si azzererà mai e, anche quando calerà, forse non calerà in modo così drastico perché questo è il pregio di Bitcoin.

Il mining sarà comunque un'attività abbastanza redditizia e quindi comunque a grosso consumo; fino a quando il premio si sarà ridotto fino ad essere irrilevante e i miner si dovranno accontentare delle fees, allora in effetti il consumo dovrà davvero essere ridotto.

TRUFFE SUI BITCOIN

Buona parte di chi cerca di imparare a guadagnare grazie a Bitcoin si imbatte in delle truffe che possono essere riconosciute anche grazie a dei funzionamenti tipici di cui fanno spesso uso.

È molto semplice da scovare un inganno di questo tipo, in quanto all'inizio viene richiesto solo un *piccolo investimento*, il che significa dare dei soldi ad una persona che magari ne darà una parte indietro e poi comincerà ad avere *problemi tecnici*, non potendo più continuare a restituire questi soldi.

Alcuni di questi truffatori, inoltre, fanno parte di veri e propri schemi piramidali cioè, se una persona viene derubata in questa maniera, impara la tecnica della truffa, la farà ad altri e recupererà i soldi che aveva perso inizialmente, e così via.

Non sarà un modo per guadagnarci, ovviamente, ma di recuperare, ma resta ugualmente illecito.

Queste persone promettono guadagni utilizzando delle parole che magari un principiante in cerca di veri consigli non comprende molto bene e quindi ci crede.

Oltretutto, nulla di quello che dicono può essere di facile tracciabilità per chi è agli inizi, quindi chi viene colpito da queste parole non può neanche verificare di cosa esattamente si sta trattando, restando essenzialmente all'oscuro della truffa che sta subendo.

Per riconoscere queste truffe è infatti importante che la persona in questione, sappia che le criptovalute sono investimenti ad alto rischio e con un ampio margine di perdita dei propri soldi. Chiunque dica che non si può perdere o chiunque addirittura garantisce dei guadagni, sta mentendo e, se mente già all'inizio, molto probabilmente continuerà a mentire.

Negli investimenti ad alto rischio, bisogna addentrarsi solo se si è disposti anche a perdere, quindi, se qualcuno vi invita a investire senza prima porre questa premessa, è di sicuro malintenzionato. Bisogna considerare, a primo impatto, l'investimento come una perdita e non come una sola fonte di guadagno, ma come sola fonte di recupero dei soldi investiti e, solo in seguito, grazie anche ad un po' di costanza, si potrà guardare al compenso. Non esistono investimenti in criptovalute che si possano fare senza sforzo, perdita e in fretta e chiunque le propone sta solo e soltanto mentendo per trarre frutto della probabile poca informazione di cui dispone un principiante.

Un bravo insegnate (se lo si può definire così), invita a procedere prima di tutto con cautela negli investimenti e dunque pone in chiaro che sono un grande rischio e possono portare alla perdita di soldi.

Potrebbe, per esempio, iniziare facendo fare al proprio allievo (sempre per continuare la metafora), un lavoro che verrebbe retribuito in Bitcoin.

Anche qui è bene fare attenzione perché si potrebbe essere pagati talmente poco da non guadagnare nulla, ma perlomeno si tratterebbe di uno scambio lecito, anche se non equo.

Si potrebbe andare principalmente in perdita magari per le spese, perché i costi dell'elettricità non li copre chi ha offerto i Bitcoin ma chi li utilizza.

In conclusione, è bene ribadire che la favola del guadagno facile, veloce e senza impegno di chi prova a truffare in questa maniera è, appunto, una favola.

Bisogna quindi tenere lontani dai propri investimenti chi fa promesse di questo tipo perché assicurerà solo perdite di denaro e di tempo.

UN SISTEMA ECONOMICO BASATO SU BITCOIN

In teoria, sarebbe possibile creare un intero sistema economico basato sul Bitcoin, ovvero al posto di essere basato sugli euro, potrebbe funzionare ad esempio grazie ad un marketplace in Bitcoin in cui chiunque metta in vendita i propri prodotti o i propri servizi solo in Bitcoin senza nemmeno il tasso di cambio e senza indicare il controvalore in euro o in dollari, ma solo in Bitcoin, e magari a prezzo fisso.

In questo modo tutti i Bitcoin che verrebbero scambiati all'interno di questo sistema economico avrebbero sempre lo stesso valore perché il loro potere d'acquisto (se i prezzi in Bitcoin fossero fissi) non cambierebbe mai.

Ovviamente, perché ciò avvenga, i Bitcoin dovrebbero essere fissi, magari modificabili nel corso del tempo ma non variabili giorno dopo giorno.

Inoltre, il sistema non dovrebbe prevedere il cambio di Bitcoin in fiat, cioè le persone che all'interno di questo marketplace si scambiano beni e servizi comprando e vendendo, dovrebbero farlo sempre con gli stessi Bitcoin senza mai cambiarli in fiat.

In questo modo, se si ha un Bitcoin, si sa esattamente che cosa vi si può comprare con quel Bitcoin e se i prezzi sono fissi quando si compra qualche cosa ci sarà qualcuno che riceve quel Bitcoin e lo potrà rispendere.

Ci saranno sempre le commissioni da pagare ai miner ma, gli stessi miner, una volta ricevute quelle commissioni, potrebbero entrare in questo marketplace e rispendere i Bitcoin che hanno ricevuto come fee.

In altre parole, si tratterebbe di un sistema chiuso in cui sempre gli stessi Bitcoin circolano senza essere mai cambiati in valuta fiat e dovrebbe essere gestito da una piattaforma che impone in qualche modo prezzi fissi in Bitcoin e che non mostri mai i corrispettivi in valuta fiat.

Una piattaforma che usi solo ed esclusivamente Bitcoin.

Un sistema fatto in questa maniera avrebbe anche un lato oscuro, infatti, nel momento in cui si utilizzassero Bitcoin con wallet anonimi per fare queste transazioni, queste sarebbero completamente oscure al fisco, cioè sarebbe possibile utilizzare un sistema del genere per fare delle attività di profitto completamente nascoste.

Difatti è chiaro come un sistema del genere in realtà incentiverebbe a nascondersi al fisco perché ad esso le dichiarazioni dei redditi e dei profitti si fanno in euro e le tasse si pagano sempre in euro.

Nel momento in cui invece si utilizzano Bitcoin per i propri business, nel caso in cui il valore di Bitcoin scenda rispetto all'euro, ci si troverebbe a dover pagare molte più tasse di quelle che si sarebbero dovute pagare se invece si fosse usato l'euro fin dal principio.

Quindi, nel momento in cui si usa solo Bitcoin e non euro, c'è un problema oggettivo nel dover pagare poi le tasse in euro.

Tant'è che, al giorno d'oggi, le attività accettano i Bitcoin ed emettono regolare fattura e ci pagano le tasse in euro, quindi convertono i Bitcoin ricevuti in euro praticamente appena dopo averli ricevuti, altrimenti si caricherebbero di un rischio eccessivo.

Un sistema più o meno simile c'è già, anche se non è proprio organizzato, infatti c'è il **dark web** dove si opera **all'oscuro dal fisco** ma addirittura delle forze dell'ordine.

Qui si usano criptovalute e si usa anche Bitcoin.

Le transazioni vengono, in qualche modo, nascoste al fisco ma anche, come detto prima, alle forze dell'ordine.

Tuttavia, se uno stato decidesse di accettare che un'attività che usa Bitcoin rediga i suoi conti in Bitcoin e paghi le tasse in Bitcoin calcolate con una percentuale di Bitcoin su ricavi e profitti fatti in Bitcoin, sarebbe tutta un'altra cosa.

Ma si tratta di un ipotetico sistema economico basato solo su Bitcoin che fa a meno delle valute fiat, in cui però gli operatori del settore avrebbero problemi a pagare le tasse, a fare i propri bilanci e fare dichiarazioni di profitti in valuta fiat da una parte, e dall'altra vi sarebbero gli stati che difficilmente accetterebbero che le attività commerciali di profitto facciano i propri bilanci, calcolino le tasse da pagare e paghino tutto in Bitcoin.

È piuttosto evidente che un sistema economico basato solo su Bitcoin potrebbe avere come principale vantaggio e convenienza proprio quello di essere all'oscuro al fisco perché altrimenti non ci sono effettivamente così tanti vantaggi rispetto all'usare il denaro fiat.

Se è vero che una valuta con natura deflattiva è migliore delle valute fiat per quanto riguarda il risparmio, allo stesso tempo, non è un granchè come mezzo di scambio per la ragione opposta.

Un sistema economico basato esclusivamente su Bitcoin è dunque possibile, però da ribadire che avrebbe realmente senso probabilmente solo se oscuro al fisco perché altrimenti sarebbe meglio continuare ad usare le valute fiat per le attività commerciali economiche e per gli scambi commerciali.

Sul risparmio, il discorso è differente; infatti una moneta con natura deflattiva sarebbe sicuramente migliore di una moneta inflattiva.

Non se ne ha la certezza, ma il trend di Bitcoin sul lungo periodo è effettivamente quello di aumentare di valore e, nonostante sia un po' presto per dire che sarà così per sempre, l'ipotesi è plausibile.

Le stablecoin con molta probabilità avrebbero lo stesso ruolo dei Bitcoin in questo scenario economico nel non pagare le tasse, come spiegato di sopra.

Per concludere, un sistema di scambi commerciali, come quello descritto, è poco probabile, è più immaginabile che gli scambi commerciali continueranno a essere basati su moneta inflattiva anche nel caso in cui gli stati iniziassero a ripensare al loro modello di gestione in termini di business basato sulle tasse quindi sulla sottrazione coatta di una parte dei redditi e dei profitti.

BLOCKCHAIN

Bitcoin si basa su una struttura chiamata blockchain che si può definire la più difficile da risolvere nel campo dell'informatica poiché impedisce che avvenga la duplicazione di Bitcoin o delle sue transazioni.

I Bitcoin si possono definire come dei numeri o informazioni che non devono essere duplicate o modificate dopo che la blockchain vi applica un blocco crittografico che lascia solo visualizzare i suoi dati e non muoverli in alcun modo.

I blocchi sono dunque crittografati e concatenati tra loro, perché è appunto questa la caratteristica della blockchain: essere una catena di blocchi con chiavi crittografate immodificabili.

Nonostante sia impenetrabile, è diffusa come un registro pubblico consultabile da tutti e intoccabile da chi volesse in qualche modo attaccarla per modificarla, perché per farlo bisognerebbe ritracciare la blockchain che viene visualizzata da tutti.

Il che è molto difficile da fare, se non impossibile.

Anche se si riuscisse a modificare la propria, non si potrebbe modificare quella degli altri perché appunto si dovrebbero rintracciare tutti gli utenti.

Da quando è nato Bitcoin, ci sono stati diversi tentativi di modifica della blockchain, ma sono tutti falliti proprio a causa del fatto che, nonostante sia un registro accessibile a tutti, è uno strumento impenetrabile.

Un attacco simile potrebbe avere come oggetto una banca, i cui server di database visualizzano le transazioni proprio come fanno quelli della blockchain ma questo, alla blockchain, non potrebbe mai accadere perché il sistema dei blocchi rende difficilissimo il loro sblocco per modifica.

Inoltre, su Bitcoin regna il cosiddetto peer to peer, ovvero un sistema di lavoro che vede tutti gli utenti come pari, dunque non c'è nessuno al comando di Bitcoin se non il protocollo che in realtà non fa altro che regolarlo.

Ogni blocco può essere analizzato e rivisitato nel momento di vera necessità perché appunto la blockchain è libera e pubblica e, come il Bitcoin, non sottostà a nulla se non al protocollo.

Si possono scoprire tutte le transazioni in Bitcoin che sono inserite in questo blocco e saranno, più o meno, qualche migliaio per ogni transazione.

Si può anche sapere chi l'ha inviata cioè il wallet dal quale è partito, a chi è arrivato ed esattamente quanti soldi sono stati inviati.

Sebbene si possano vedere queste informazioni dei wallet, non si possono vedere gli indirizzi a cui corrispondono, o meglio, non si può risalire a chi possiede quel wallet.

Infatti, la blockchain di Bitcoin garantisce un grande anonimato.

Per le transazioni, una volta che vengono inserite nei blocchi, si fa in modo che questi blocchi vengano confermati con la chiave crittografica e diventino irreversibili.

Quindi la blockchain rende inviolabile le transazioni in essa inserite, il che è da dirsi uno strumento straordinario poiché lo fa in autonomia da qualsiasi gesto o persona che la utilizza. Chiunque la usi la accetta così com'è stata pensata e prodotta.

Per ricapitolare, la blockchain è una catena priva di soggetti dominanti, ma si pone a tutti gli utenti, ovvero ai nodi, in maniera uguale.

Consente di processare, salvare e proteggere le transazioni in un tempo molto veloce (10 minuti), poiché questo è il tempo in cui si chiude di volta in volta un blocco.

Ovviamente, esistono altre catene che utilizzato questa tecnologia che invece sono molto veloci; per alcune, addirittura, bastano pochi minuti o pochi secondi e sono anche più economiche, in quanto, per inserire una transazione all'interno di un blocco, si paga una commissione.

Con le altre criptovalute, transazioni e costi di commissioni sono differenti ma il fatto che questa blockchain sia consultabile da tutti e funga da registro pubblico e sia allo stesso tempo inviolabile, la rende unica.

Potrebbe essere utilizzata in molti altri ambiti, oltre che per i Bitcoin, proprio per le sue caratteristiche essenziali, come, ad esempio, la gestione dei registri di automobili.

Per esempio, la borsa pubblica ha dichiarato che impiegherà un nuovo sistema di gestione tramite blockchain, più semplice e molto più veloce e anche molto più sicuro.

Le applicazioni della blockchain sono veramente tantissime, ogni volta che si ha a che fare con un registro pubblico per metterlo online e renderlo sicuro, efficace e potente.

La sua tecnologia è stata definita come “in procinto di diffondersi in molti ambiti e cambiarli rivoluzionandone la gestione”, proprio perché non permette in alcun modo la sua duplicazione.

C’è chi sostiene che nel mondo finanziario sia, in realtà, la blockchain ad essere irrompente, e non il Bitcoin.

In verità la blockchain ha poco senso di esistere se non ci sono i Bitcoin.

Satoshi crea questa moneta con l’intento di regolare tutti i nodi che si sarebbero formati per usarla alla pari.

I Bitcoin vengono distribuiti secondo il volere del protocollo, ovvero in maniera consensuale e identica per tutti.

Perciò si può guardare alla blockchain come ad una struttura sequenziale alla cui coda si attaccano i dati nuovi, ovvero i blocchi di Bitcoin.

L’invenzione di Satoshi non è altro che oro digitale, perché Bitcoin è una moneta trasferibile ma non duplicabile.

Per avere informazioni su un Bitcoin, bisogna calcolare il cosiddetto hash, che consiste nell’impronta digitale univoca di questa moneta.

Per questo viene detto che è unica nel suo modo.

Dai Bitcoin, infatti, si può risalire nella blockchain alla provenienza tramite le diverse transazioni che vengono segnate e attribuite ai blocchi.

Quella impronta che viene inserita in una transazione Bitcoin (ovvero la sua caratteristica di timestamp), data e ora sulla blockchain rappresenta, difatti, l’azione di prendere un documento fisico, metterci data e firma e, chi potrà garantire la autenticità e la validità di quel documento, sarà chi otterrà la vincita di quel blocco.

I sistemi di notariato come la blockchain non sono però essenziali per il Bitcoin, che si comporta sostanzialmente come una grande riserva d’oro per chi li possiede.

Però, così come si è stati abituati alla presenza di banche centrali ad occuparsi del tasso d’inflazione e della gestione della moneta emessa e ritirata dal mercato, allo stesso modo ci si può abituare alle nuove monete che si usano come asset di riserva che possono raggiungere la stabilità dei prezzi della teoria monetaria, secondo la quale una moneta deve essere stabile come un metro lineare per non causare perdite o troppi guadagni.

Ma questo sarebbe un po' come se le strade si allungassero e diminuissero e ognuno andasse a rimisurare le strade per farle di nuovo tutte uguali.

Questo però è esattamente quello che succede alla moneta quando i prezzi cambiano: va ristabilita da qualcuno, ovvero dalle banche che regolano le tasse su di essa.

Per questo non si può guardare a Bitcoin come ad una moneta banalmente simile ad una moneta fisica, perché ha delle capacità di risparmio, o di riserva, che non la rendono affatto superficiale ma una fonte di guadagno che è tra l'altro ben distribuito e non privato.

Infatti, Bitcoin si può dire campione nel suo campo perché dispone di un largo gruppo di utilizzatori nel mondo e di una politica monetaria elastica ma, ancora più importante, non è stata martire dell'epoca della digitalizzazione della moneta ed è sopravvissuta fino ad oggi.

Mentre tante monete con lo stesso tipo di asset non hanno neanche finito di essere messe sul mercato che si sono spente.

LIGHTING NETWORK

Il **lighting network** è un software di Bitcoin.

Per capire come funziona bisogna partire dalla blockchain di Bitcoin.

Questa ha due problemi: è lenta ed è costosa.

Essa è costituita da una catena di blocchi dove viene aggiunto un nuovo blocco ogni 10 minuti. Quindi, quando si fa una transazione di Bitcoin, bisogna attendere almeno 10 minuti.

Oltretutto, se in un dato momento ci sono tantissime transazioni in attesa di essere inserite in un nuovo blocco, visto che ci restano, c'è sempre il rischio che una transazione rimanga fuori dai blocchi.

Pian piano essa raggiunge la blockchain ma c'è da aspettare molto.

In genere, per cercare di assicurarsi di entrare nel primo blocco, bisogna pagare delle commissioni piuttosto alte.

Anche se adesso in realtà non sono particolarmente alte, durante il picco nel 2017 si è arrivati a dover spendere addirittura 15-20 dollari per potersi assicurare di far entrare una transazione nel blocco immediatamente.

Con lighting network, invece, le transazioni sono immediate e costano pochi millesimi di dollaro; infatti in questo modo le transazioni non passano dalla blockchain ed è per questo che riescono ad essere non lente e non costose.

Per poter usare lighting network per inviare/ricevere Bitcoin, si dovrà aprire un canale.

L'apertura è una transazione e quindi poi tutte le transazioni che ne seguono avvengono off chain (non sulla blockchain) e vengono dirette dai diretti interessati e poi, quando il canale verrà chiuso (sempre che uno voglia chiuderlo), verrà fatta una seconda transazione.

Sono solamente due le transazioni che passano per la blockchain: quella di apertura del canale e quella eventuale di chiusura del canale, mentre tutte le altre invece sono dirette tra il mittente e il destinatario.

Queste passano attraverso dei nodi, cosi sono molto veloci ed economiche.

Si chiama **second layer** di Bitcoin, perché è un secondo livello, un sistema a parte ma basato sulla blockchain di Bitcoin.

Funziona perfettamente con Bitcoin in maniera alternativa, inoltre è una rete p2p (**peer to peer**). È decentralizzato e non prevede di dover consegnare la custodia dei propri fondi a qualcun altro.

Oramai vi sono più di 6.000 lighting network perché hanno, appunto, numerosi vantaggi rispetto alle transazioni tradizionali: sono praticamente immediate e a costi davvero bassissimi, talmente bassi che è addirittura possibile fare delle **microtransazioni** lighting network di 20 centesimi di euro.

Tramite i servizi tradizionali (tipo paypal) potrebbe essere un problema, perché i costi di transazione potrebbero essere superiori ai 20 centesimi, invece con lighting network inviare un equivalente di 20 centesimi costerà circa 2-4 millesimi, quindi totalmente irrilevante.

Vantaggi del lighting network:

- Consente la scalabilità di Bitcoin evitando l'attesa di 10 minuti grazie a numerosi nodi che possono supportare il notevole incremento di volume delle transazioni, senza interferire con la blockchain.
- Si garantisce il totale anonimato poiché le transazioni sulla blockchain vengono segnate, mentre sul lighting network no.

Quindi pubblicamente si vedrà solo l'apertura e la chiusura del canale.

I **limiti**, invece, di lighting network sono che sul canale si possono utilizzare solo i Bitcoin e che una volta cominciato il teamwork e introdotta una certa somma di Bitcoin, si potrà utilizzare solo quella.

Quindi l'unico modo per riprendersi i Bitcoin utilizzati è chiudere il canale e rimandarli su un wallet tradizionale.

Conviene mettere su un canale lighting network solamente i Bitcoin che si vogliono spendere e tenere da parte quelli che invece si vogliono conservare sul lungo periodo.

È una tecnologia sicura che però non è ancora molto diffusa e molto usata.

Oltretutto poi la teamnetwork consente anche altri sviluppi oltre agli utilizzi elencati sopra.

Per esempio, sviluppare le cosiddette lighting application che non sono altro che le app fatte per il lighting network molto interessanti.

Sarebbe perfetto per i siti di e-commerce, soprattutto quelli che vendono prodotti a basso o bassissimo costo, proprio perché praticamente eliminerebbe le commissioni.

È bene ricordare che, nelle transizioni, le commissioni vengono pagate da chi invia i Bitcoin quindi, ad esempio, nel caso di un sito di e-commerce, le commissioni, se usasse il lighting network non le pagherebbe il sito ma il cliente e per il cliente aggiungere 2-3 o 4 millesimi di dollaro per effettuare la transazione è relativamente molto poco.

Ad esempio, si sta ipotizzando di integrare lighting network su twitter per effettuare le micro donazioni anche di un centesimo.

Ci sono già 6.000 nodi e più di 10.000 canali lighting network perchè tale network si sta diffondendo in maniera rapidissima, tale da far credere che in futuro possa diventare un eccellente sistema di scambio di valori in Bitcoin.

Rimane comunque una moneta deflattiva, quindi probabilmente non straordinaria come moneta transazionale, però forse ottima come riserva di valore.

Mentre per quanto riguarda le monete fiat, c'è da dire che sono e continuano ad essere delle eccellenti monete transazionali, se poi vengono usate come dei token cioè sotto forma di stable coin sono davvero straordinarie.

PEER TO PEER

Peer to peer sta ad indicare una rete informatica non gerarchica, ovvero nella quale tutti i nodi sono paritari.

In italiano questa espressione si può proprio tradurre come **alla pari**.

Un esempio di quello che è un sistema gerarchizzato è una squadra di calcio nella quale vi sono i giocatori, il portiere, l'allenatore e infine gli investitori societari che gestiscono le finanze.

I membri sono soggetti l'uno all'altro perché c'è chi prende le decisioni e c'è chi le deve eseguire, e ognuno ha un suo ruolo che è diverso dagli altri.

In una rete alla pari non esiste la gerarchia, quindi tutti hanno lo stesso ruolo e svolgono la stessa attività (cosa molto difficile da immaginare all'interno di una squadra di calcio, ovviamente).

I membri della rete alla pari sono i nodi che hanno, per l'appunto, tutti la stessa opera da svolgere. Nessuno tra loro può prendere decisioni sull'altro perché il loro potere, di voto e di azione, è esattamente uguale a quello degli altri.

Rendono tutti conto al protocollo informatico che dice che cosa possono fare i membri della rete e i nodi.

Con molta probabilità, questa è l'architettura informatica più democratica in assoluto, poiché dispone di una struttura interna paritaria, il cui principio di funzionamento è il protocollo informatico prestabilito.

Quest'ultimo agisce come da manuale di regole e doveri per poter far parte della rete.

Questo protocollo deve essere rispettato scrupolosamente altrimenti si rischia la non ammissione ad un nodo.

I due grandi vantaggi di questa rete sono, appunto, la mancanza di una gerarchia che imponga poteri assurdi tra pari (infatti si può dire che è una struttura informatica democratica) e l'altro vantaggio è proprio il concetto di rispetto perfetto del protocollo che sta alla base delle reti p2p. Inoltre i protocolli sono pubblici e chiunque può verificare che cosa fa quel protocollo o come è fatto per poterlo utilizzare.

Infatti bisogna per forza rispettarlo alla lettera.

Non esiste, infatti, un concetto di fiducia all'interno della rete proprio grazie alla presenza del protocollo che garantisce l'invariabilità di queste regole.

Le reti in questione si dicono "decentralizzate" perché non hanno un centro di comando e non dispongono di una gerarchia con un capo.

Si possono definire "trustless" perché non c'è nessun principio di fiducia nell'utilizzo della rete, ma si dipende solo ed unicamente dal protocollo di essa e non da altri.

Difatti è un sistema rivoluzionario che si potrebbe tranquillamente estendere a quello dei pagamenti, poiché nessuno potrebbe essere manipolato o a nessuno potrebbe sfuggire nulla del regolamento, dato che se non lo si rispetta si viene semplicemente esclusi dalla rete.

Perciò, in poche parole, le due cose che contraddistinguono la rete sono **la decentralizzazione** e **il trustless**.

Anche la rete internet stessa è decentralizzata, poiché creata in un momento in cui gli USA volevano una rete che resistesse persino al nucleare e, perciò, inattaccabile o non disturbabile da terzi.

Il peer to peer si può considerare una evoluzione della rete internet che continua a funzionare anche se dei membri non rispettano le regole, proprio perché non vengono più inclusi nei suoi meccanismi.

I TOKEN

Il termine token (in italiano, *gettone),* riporta un po' all'ambiente dei casinò americani, dove spesso e volentieri vengono usati come monete o ne rassembrano proprio l'aspetto fisico.

Per comprendere i token (che riguardano le criptovalute), bisogna immaginarsi quelli nominati prima ma in forma digitale, diventando proprio delle informazioni informatiche.

I token rappresentano, difatti, le monete di cui sono costituite le criptovalute.

Esistono due tipologie di token di criptovalute: quelle storiche, come Bitcoin, alle quali ci si riferisce poco e quelle odierne che rappresentano la moneta digitale.

Tale distinzione viene fatta persino dall'agenzia statale svizzera per la vigilanza sui mercati finanziari.

Infatti, si contraddistinguono proprio per le categorie in cui funzionano, ovvero rispettivamente lo scambio commerciale e l'investimento.

C'è una differenza tra i coin token ed i coin coin che sono banalmente delle criptovalute che hanno il loro registro e una blockchain, quindi come Bitcoin.

Quando invece qualcuno crea dei gettoni usando la blockchain di Ethereum ma che non sono eterni e ci sono dei nuovi tipi di gettoni, questi vengono chiamati, per l'appunto, tokens che è la loro definizione più diffusa.

Le criptovalute si può dire che abbiano una vita completamente separata dal token che non possiedono un registro, una blockchain o comunque un protocollo di funzionamento.

Mentre invece sono probabilmente più vicine ad una moneta come il token che ha tutte queste caratteristiche come il Bitcoin.

Molte delle monete che vengono coniate e distribuite sul mercato digitale altro non sono che token e si muovono grazie agli smart contract che ne facilitano lo scambio in altre valute.

Dunque, è bene ribadire che il funzionamento delle monete prive di protocolli standard che sono nuove e non hanno un appoggio di questa tipologia, sono facilmente cancellabili e nulla hanno a che vedere con i token di seconda definizione ovvero la propria moneta con blockchain e il resto.

I FORK

F**ork** è un termine informatico che in italiano si può tradurre come **biforcazione**.

Bisogna immaginare che la blockchain di una valuta sia una catena perché, appunto, significa catena di blocchi.

Questa, ad un certo punto, potrebbe dividersi in una biforcazione e quindi creare una seconda catena.

Queste catene, in realtà, non sono fisiche ma sono informatiche e vengono generate grazie ad un protocollo informatico che regola come esse si devono costituire.

Perché la biforcazione avvenga, ciò che accade è che al vecchio protocollo ne viene introdotto uno **nuovo** che segue, appunto, le proprie **nuove istruzioni**.

Mentre il vecchio blocco con il proprio protocollo continuano per la propria strada.

Le due catene, per forza di cose, non possono rimanere unite perché Bitcoin funziona solo se tutta la rete segue lo stesso protocollo e, se questo viene cambiato, allora nascono queste catene secondarie, unite soltanto fino all'ultimo blocco della blockchain che era stato uguale per entrambe.

Per esempio, a partire dal 1agosto 2017, è stata creata una seconda catena, sempre di Bitcoin, ma con un nuovo protocollo, che poi è stata oggetto di nuove biforcazioni.

Infatti, quando le due catene si separano, i token che erano su quella vecchia si duplicano sull'inizio di quella nuova, quest'ultima poi procede in maniera autonoma da quella vecchia.

Ma il fatto che vi sia questo raddoppio, non implica che venga raddoppiato il valore dei token, dunque dei Bitcoin in questione.

Semplicemente vengono copiati per dare storico alla catena.

Dopo un cambio protocollo, i token saranno differenti perché soggetti ad un protocollo diverso, quindi per poterli usare si dovrà usare un altro wallet, diverso da quello originario della catena a cui appartenevano prima i token.

IL TETHER DOLLAR (USDT)

Sui mercati finanziari il Bitcoin è maggiormente scambiato in **dollari americani**.

Dunque, la maggior parte degli acquisti di Bitcoin che vengono fatti sul mercato, sono fatti con i dollari.

Quest'ultimo non è una criptovaluta, ma è come le valute fiat con tutte le limitazioni che ne comporta; in particolare, vi sono tre grandi limiti nell'utilizzo del dollaro americano:

- Non in tutti i paesi del mondo è possibile utilizzare il dollaro americano.

Se si dispone di un conto bancario in un paese straniero, è difficile avere, inviare o ricevere dollari proprio perché alcuni paesi non ne permettono l'uso;

- Le transazioni in dollari americani sono limitate dalle banche.

Se una transazione è sospetta per la banca, essa viene fermata, bloccata e controllata;

- I dollari americani non sono anonimi; quando vengono utilizzati da una carta o da un conto corrente vi è sempre la possibilità che chi di dovere possa vedere l'identità del proprietario e, di conseguenza, comprendere come egli li sta utilizzando.

Le criptovalute, invece, non subiscono queste limitazioni poiché possono essere utilizzate in tutto il mondo; non c'è limite o controllo sulle transazioni che si eseguono e possono essere utilizzate in maniera completamente anonima.

È stata ideata (per risolvere tutte le limitazioni elencate in precedenza), una criptovaluta che seguisse, per filo e per segno, il valore del dollaro americano; questa è stata chiamata **USDT** ed è stata emessa da **Tether**, ma viene comunemente chiamata anche cripto dollaro.

Funziona in maniera apparentemente banale poiché, se si vuole acquistare 1 USDT bisogna pagare 1$, e viceversa per quanto riguarda la vendita.

Tutto ciò viene effettuato tramite un Exchange chiamato **Bit Phoenix** che appartiene allo stesso gruppo societario di Tether che mette appunto a disposizione i token che poi verranno scambiati sul sito di Exchange.

Tether non ha una sua blockchain ma si appoggia a quella di **Ethereum**, quindi la stragrande maggioranza di USDT in circolazione sono token emessi sulla rete Ethereum che richiedono, (per essere spostati), di pagare le commissioni sulle transazioni in Ethereum e TH.

Se si visualizza il sito di Market, si può osservare quali sono le coppie di scambio sui mercati più utilizzate che riguardano Bitcoin.

La prima è Bitcoin – tether su Binance, la seconda è Bitcoin – tether su OKEx e solo al terzo posto c'è Bitcoin – USDT su Coinbase Pro e infine, alla quarta posizione, Bitcoin – USDT su HtBTC.

Questo significa che, al giorno d'oggi, la maggior parte dei Bitcoin che vengono scambiati sul mercato, non vengono più scambiati in dollari americani ma in USDT perché chi opera nel settore lo preferisce dato che non deve stare ai limiti che sono stati elencati in precedenza.

Quindi è possibile scambiare facilmente USDT con altre valute ma non è possibile scambiare nella stessa maniera i dollari americani.

Inoltre, Tether garantisce un certo grado di anonimato se viene utilizzato nella maniera opportuna e nei luoghi più opportuni.

Si può chiaramente affermare che Tether è diventato il sostituto del dollaro americano all'interno del mondo cripto, perché mantiene questo valore nel tempo e perché viene praticamente sempre scambiato e utilizzato come se fosse 1$ ma con i vantaggi che vengono concessi ai token.

Questa preferenza, infatti, come visto in classifica, si va sempre più ampliando grazie alla sua comodità.

Bisogna però fare particolarmente attenzione a due punti:

- L'USDT non è detto che rimanga a parità di valore del dollaro americano per sempre; se chi li vende dovesse riscontrare delle problematiche, la parità si potrebbe perdere e a quel punto i detentori di token USDT perderebbero di valore perché appunto il token avrebbe diminuito il proprio valore.

Tether sostiene che il 100% di token USDT è coperto da fondi: più o meno con il 75% di questi, da altrettanti dollari americani e con il 25% coperto da altri asset.

Non si hanno le prove di queste dichiarazioni ma nessuno ha avuto problemi fino al giorno d'oggi perché il servizio fornito è stato perfettamente funzionante.

- Consideriamo ora le stablecoin come l'USDT.

Il loro valore (anche se vi fosse una grandissima crescita d'utilizzo dell'USDT), rimarrebbe lo stesso di 1$.

Poiché il dollaro è una moneta di natura inflattiva, se dovesse perdere di valore lo farebbe anche l'USDT ma sempre allineandosi al dollaro.

Nel maggio 2021 è stato pubblicato un articolo su Business Insider Italia dove si tratta di come in quel momento né Bitcoin né paypal fossero i sistemi di pagamento digitale più usati al mondo, ma lo fosse Tether.

Difatti, il numero complessivo di transazioni in quei giorni aveva superato ampiamente quello di Bitcoin e paypal.

Nonostante ciò, Bitcoin rimane in cima alla classifica per somma del valore delle transazioni eseguite, anche se non per il numero di esse.

Le stablecoin, con molta probabilità, saranno sempre più utilizzate grazie al loro valore stabile e al fatto che sono un'ottima alternativa alle valute fiat proprio che non hanno limitazioni, ma soprattutto perché le transazioni possono essere effettuate in maniera anonima.

EXCHANGE DI CRIPTOVALUTE

Per poter utilizzare dei dollari americani in negozi dove si utilizza un'altra moneta, come l'euro (ad esempio), si dovrà cercare di cambiare i dollari in euro appunto.

Per farlo, ci si può rivolgere ad un cambiavalute, cioè a qualcuno che ha euro ed è disposto ad accettare di dare i suoi euro in cambio dei dollari.

Lo scambio avviene a prezzo di mercato e, in genere, il cambiavalute applica una commissione (che è il suo guadagno).

Nel caso opposto, da euro a dollari, si va dal cambiavalute e questo dovrebbe avere questi dollari. Nel caso del cambio in qualche valuta un po' più esotica e difficile da trovare, (che sia magari il peso filippino), il cambiavalute potrebbe non avere questi soldi precisi.

Il problema si risolve online, perché le piattaforme online funzionano in tutto il mondo.

Queste piattaforme di cambiavalute si chiamano **Exchange** (in inglese, scambio) e servono per cambiare criptovalute con altre valute oppure con valuta fiat.

Gli Exchange di valute funzionano in modo molto simile ai cambiavalute tradizionali ma con alcune differenze: la principale è che quando si va sull'Exchange e si vogliono cambiare le proprie criptovalute in altre, questo agisce da marketplace, dove chiunque può mettere in vendita le proprie criptovalute oppure le proprie valute fiat e scambiarle con altre.

In altre parole un sito di Exchange è molto simile ad una borsa in cui c'è gente che compra e gente che vende.

Per esempio:

> Si possiedono dei Bitcoin e si vuole convertirli in euro, allora si va su un Exchange che accetti sia Bitcoin che euro (poiché non è scontato dato che sono tanti a non accettare gli euro), si caricano i Bitcoin e si

mettono in vendita al prezzo che si desidera o al prezzo del mercato in quel momento.

Se c'è qualcuno disposto a comprare i Bitcoin dando in cambio degli euro, allora avverrà lo scambio e in questo modo si saranno cambiati i Bitcoin con gli euro di qualcun altro.

Sugli Exchange questi cambi vengono gestiti in modo totalmente automatico; non si sa chi è che dà agli euro, viene fatto tutto direttamente dalla piattaforma che cerca dei compratori o dei venditori interessati a scambiare la valuta con cui volete scambiare quello che si sta mettendo in vendita.

Quindi, se si mette in vendita Bitcoin perché si vuole cambiare in euro, la piattaforma cercherà qualcuno che in quel momento è disponibile a comprare i Bitcoin pagando in euro.

Ma questo vale per qualsiasi tipo di coppia di scambio, ad esempio se la coppia di scambio è Bitcoin e tether vuol dire che si può mettere in vendita Bitcoin o tether e ricevere in cambio rispettivamente tether o Bitcoin.

Ovviamente, come anche le casse dei cambiavalute, l'Exchange si tiene una piccola percentuale, spesso molto bassa decisamente minore di quella dei cambiavalute tradizionali.

Esistono addirittura alcuni Exchange che non hanno al momento commissioni però sono pochi e molto limitati, inoltre queste piattaforme sono dei veri e propri marketplace, poiché si può scegliere da sé il prezzo.

Una volta trovato chi vuole acquistare ciò che si è messo in vendita, avviene il cosiddetto deal, o anzi, il trade nello specifico.

Se invece il prezzo è troppo alto magari non c'è nessuno in quel momento che vuole acquistare e quindi non avviene nessun trade.

Se si ha fretta, si può non mettere alcun prezzo e lasciare che il prezzo lo faccia la piattaforma, (ovviamente esso sarà più basso).

Gli Exchange però non vengono usati solo per fare il cambio valuta, ma vengono anche usati per fare trading perché con i cambi di valuta ci si può anche guadagnare.

Se si mettono in vendita dei Bitcoin quando il loro valore in euro è alto e si incassano euro, poi magari si possono usare quegli euro per ricomprare Bitcoin quando il prezzo è basso.

Facendo così, si genera plusvalore e dunque guadagno.

Infatti ci sono persone che fanno questo di professione, sono infatti trader professionisti che fanno business sui siti di Exchange.

Bisogna fare attenzione ad un paio di particolarità:

- Ogni Exchange ha i suoi prezzi, cioè se si mettono in vendita dei Bitcoin su un Exchange ad un prezzo, non è detto che si venderanno allo stesso prezzo anche su un altro Exchange, perché ognuno di loro è un mercato a sé, quindi avrà prezzi differenti.
- Non tutti Exchange hanno le stesse valute, ce ne sono alcuni che hanno poche valute alcuni che ne hanno molte, alcuni che hanno solo criptovalute alcuni che hanno anche le valute fiat.

Prima di operare sugli Exchange, è opportuno informarsi su quali sono le valute supportate; quasi tutte le criptovalute possono essere scambiate in Bitcoin, o comunque la stragrande maggioranza può essere scambiata anche in tether dollar.

Gli Exchange che supportano anche le valute fiat come dollaro e euro hanno dei requisiti più stringenti e quindi non tutti accettano di supportarle, perciò non sono poi così tanti gli Exchange che consentono di scambiare anche valute fiat.

Spesso, per acquistare una criptovaluta minore, bisogna prima convertire la valuta fiat in Bitcoin e poi dopo usare Bitcoin per comprare queste criptovalute minori.

Visto che gli Exchange sono dei siti privati, è consigliabile non lasciare mai asset o fondi all'interno dei wallet degli Exchange perché, se per caso quel Exchange venisse hackerato oppure fallisse, si rischierebbe di perdere tutti i fondi che c'erano.

Dopo aver fatto gli scambi infatti è bene trasferire la valuta ottenuta presso un wallet privato dove è possibile recuperarla tutte le volte che si vuole.

E' POSSIBILE STAMPARE PIÙ MONETA?

Solitamente quando una cosa sembra troppo bella per essere vera, è falsa, anche in questo caso **stampare denaro o coniare moneta** per cercare di risolvere i problemi è fondamentalmente una **soluzione non efficace**, anzi addirittura pericolosa.

Ma per prima cosa bisogna specificare bene che cosa significa stampare moneta:

> In realtà, la maggior parte delle monete che vengono utilizzate non sono in formato cartaceo; il grosso di esse è in formato elettronico, ovvero in formato digitale.
>
> Quando si usa la definizione di "stampare moneta" vi si sta riferendo ad un'altra cosa, ovvero alla creazione dal nulla di moneta, in questo caso di euro, soprattutto in formato digitale.
>
> Le monete come l'euro o il dollaro, come tutte le monete moderne, vengono definite valute fiat perché non hanno qualcosa di sottostante.
>
> In poche parole non hanno valore perché rappresentano qualche cosa di valore, ma hanno valore solo perché vengono utilizzate dai cittadini, dalle aziende e dagli stati per fare degli scambi, dunque visto che non rappresentano un sottostante e non rappresentano qualche cosa di valore, se ne possono creare virtualmente in quantità infinita.

Il **valore** che c'è **scritto** sulla banconota di 500 euro in realtà è totalmente arbitrario e non significa niente.

L'unica cosa che ha significato è che se su una banconota c'è scritto quel determinato numero, quella banconota avrà un **valore nominale** che sarà sempre di 500 euro mai 501 e mai 499.

Ma il cosiddetto valore nominale della moneta è totalmente arbitrario, in realtà il vero valore della moneta è il suo **potere di acquisto**, cioè quante cose si possono acquistare con quei 500 euro.

Ad esempio, con 100 lire si potevano comprare pochissime cose, con 100 euro se ne possono comprare decisamente di più.

Questo non perché le lire valessero meno degli euro, ma perché il valore nominale delle banconote, cioè il valore nominale di 100 lire non significa in realtà niente.

Così come non significa in realtà niente il valore nominale dei 100 euro, quello che conta è il potere di acquisto del totale della moneta di cui si dispone.

Il potere d'acquisto **non è fisso**, ma **varia nel tempo**, quindi se il valore nominale di una banconota rimane sempre lo stesso, il suo potere d'acquisto varia e solitamente diminuisce perché aumentano i prezzi.

I prezzi tendenzialmente aumentano sempre nel corso del tempo e quindi, più i prezzi sul mercato aumentano, meno cose posso comprare con quella moneta.

Diminuisce, perciò, il potere di acquisto del proprio denaro nel momento in cui aumentano i prezzi delle cose che vi si possono comprare.

Si potrebbe chiedere: "*perché non creare tanto denaro dal nulla e distribuirlo ai cittadini visto che tecnicamente si potrebbe, proprio perché il potere di acquisto della moneta varia nel tempo e se c'è troppa moneta sul mercato questa si svaluta e perde potere di acquisto facendo aumentare troppo i prezzi*?"

Si faccia questa supposizione:

> Lo stato decide di stampare dal nulla altri 1.000 euro, oltre a quelli che si possiedono, e di regalarli ad una persona.
>
> Quindi in quel caso non si avrebbero più 1000 euro da spendere ma 2.000 euro.
>
> La cosa più probabile è che l'individuo cominci a spendere anche di più, però i prodotti da acquistare sul mercato sarebbero gli stessi,

perché stampare moneta fa aumentare la produzione, fa semplicemente aumentare la liquidità a disposizione di chi quei prodotti li vuole comprare.

Quindi aumenterebbe il numero di persone che vuole comprare i prodotti ma i prodotti rimarrebbero sempre gli stessi e ciò inevitabilmente farebbe aumentare il prezzo di questi prodotti, perché il prezzo dei prodotti è proprio il rapporto tra la domanda e l'offerta.

Se la domanda sale e l'offerta no, sale inevitabilmente anche il prezzo.

Quindi creare denaro dal nulla e distribuirlo ai cittadini serve solo a far sì che questi ultimi aumentino la spesa, facendo ulteriormente aumentare i prezzi quindi ledano al potere d'acquisto della moneta.

Alla fine si torna esattamente dove si era prima.

Si potrebbe proporre che per legge si imponesse che non si possano aumentare i prezzi.

Questo però non è possibile, per il semplice motivo che i prezzi non possono essere fatti dalla legge, ma questi devono essere fatti dal mercato.

Dal momento in cui viene imposto un prezzo per legge, che magari è inferiore rispetto a quello del mercato, i prodotti scompaiono dal mercato regolamentato e riappaiono nel **mercato nero**, illegale, dove non verrebbero rispettate queste leggi che impongono i prezzi.

Quindi, imporre i prezzi per legge, significa far scappare le merci e farle andare sul mercato nero non regolamentato dove hanno il loro prezzo reale o addirittura maggiore rispetto a quello che avrebbero sul mercato regolamentato nel caso in cui non ci fossero prezzi fissati per legge.

Questo è già accaduto in passato; tanti paesi nel corso della storia hanno creato denaro e lo hanno distribuito ai cittadini innescando processi inflattivi o addirittura iperinflattivi.

In paesi come il Venezuela in cui l'inflazione era a dei livelli strabordanti e i prezzi aumentano di giorno in giorno, quindi era meglio comprare al mattino che non alla sera perché al mattino la merce costava meno e alla sera costava di più.

In stati come lo Zimbabwe, che hanno iperinflazionato talmente tanto la moneta, l'hanno dovuta eliminare.

Infatti non esiste più il dollaro dello Zimbabwe perché si era svalutato talmente tanto che non valeva più nulla.

Quindi sì, è possibile creare moneta dal nulla e distribuirla ai cittadini, però non solo non serve a niente ma rischia anche di generare più danni che benefici, come ad esempio è accaduto in

Venezuela o nello Zimbabwe.

Se invece questa operazione di creare dal nulla e distribuire ai cittadini viene fatta una volta sola e con moderazione come stanno facendo gli USA, dove stanno creando del denaro e lo stanno distribuendo ai cittadini per far fronte all'emergenza, in quel caso l'aumento dei prezzi ci sarà molto probabilmente ma sarà contenuto.

In questa fase, i prezzi aumentano troppo poco perché l'inflazione da diverso tempo è inferiore al target del 2%, perciò creare denaro e distribuirlo ai cittadini, paradossalmente può portare a qualche vantaggio.

I cittadini hanno più denaro da spendere, è vero che questo farà aumentare i prezzi, però in questo momento un aumento dei prezzi ad esempio negli USA non è una cosa particolarmente negativa.

Nel caso in cui il denaro creato non venisse distribuito ai cittadini non arriverebbe sui mercati di consumo, ma verrebbe trattenuto ad esempio dei mercati finanziari, così come è successo dopo la crisi del 2008 e 2009: sia la banca centrale americana che la banca centrale europea, ma in realtà anche la banca del Giappone e la banca d'Inghilterra, hanno creato ed immesso sui mercati finanziari grandi quantità di denaro che però sono rimaste lì e non sono andate ai cittadini.

Non sono dunque entrati nel circuito dei mercati di consumo e quindi non hanno inflazionato i prezzi dei beni di prima necessità.

Hanno però **inflazionato i prezzi degli asset finanziari**.

L'aspetto importante dello stampare più moneta è farlo con moderazione, per evitare che si inneschino delle spirali inflattive che facciano aumentare troppo i prezzi facendo perdere potere d'acquisto soprattutto ai risparmi e a chi ha uno stipendio fisso.

I **principali danneggiati** da un processo del genere sarebbero i **pensionati** perché la loro pensione, e la quantità di denaro che percepirebbero, continuerebbe ad essere la stessa ma varrebbe di meno avendo minore potere d'acquisto.

Se oggi si volesse stampare moneta, creare denaro per risolvere i problemi, si dovrebbe aumentare il ritmo con cui già viene creato nuovo denaro e questo potrebbe essere un serio rischio perché potrebbe innescare delle spirali inflattive, addirittura iperinflative, dunque bisogna essere cauti.

Le monete come Bitcoin, invece non possono essere create a piacimento, cioè Bitcoin non può essere emesso all'infinito mentre invece non c'è un **tetto teorico** a quanti euro a quanti dollari possono essere creati e messi sul mercato.

Questo tetto non è solo teorico ma anche **pratico** e concreto poiché potranno essere creati al massimo 21 milioni di Bitcoin.

Attualmente ne sono già stati creati più di 18 milioni quindi si è quasi al tetto massimo di Bitcoin che possono entrare in circolazione.

Questo perché il tutto è basato su un protocollo informatico open source, pubblico virtualmente e non modificabile, che quindi stabilisce una volta per tutte che al massimo in circolazione ci saranno 21 milioni di Bitcoin.

Quindi, mentre le valute fiat tradizionali sono inflattive perché vengono create in grandi quantità proprio per arrivare a generare un'inflazione dei prezzi di circa 2% all'anno, invece Bitcoin si dice che ha natura deflattiva cioè ha un percorso che va verso l'opposto cioè verso la non azione di nuovi Bitcoin proprio per far sì che il suo potere d'acquisto invece aumenti nel corso del tempo al posto che ridursi come avviene inevitabilmente con le valute fiat.

Pertanto, non solo stampare moneta per risolvere tutti i problemi non funziona, ma addirittura esagerare con la stampa di moneta crea ancora più problemi quindi è essenziale farlo con moderazione e ponendo attenzione a non generare delle spirali inflattive o addirittura iperinflative che potrebbero danneggiare la popolazione.

INFLAZIONE E DEFLAZIONE

Inflazione e deflazione sono dei concetti economico-finanziari legati all'andamento dei prezzi e al valore della moneta. Sono l'uno l'opposto dell'altro.

L'inflazione è un aumento prolungato del livello medio generale dei prezzi in un dato periodo di tempo, solitamente nel corso di un anno, che genera una diminuzione del potere di acquisto della moneta.

Per l'inflazione, infatti, avviene quello che è il timore di chiunque ha dei risparmi in banca, infatti per esempio 100 euro sono sempre 100 euro, ma a seguito di un processo di inflazione non cambierà il loro valore, piuttosto cambierà il loro potere d'acquisto, ovvero cosa ci si può acquistare con quei 100 dopo che hanno perso valore e sono aumentati i prezzi.

Stesso ragionamento, purtroppo, si applica alle pensioni, che rimangono sempre fisse nel corso del tempo ma il loro valore è dato dalla moneta che può subire per mano dell'inflazione una grossa perdita di potere d'acquisto.

L'inflazione ha vantaggi e svantaggi, soprattutto se non dovesse essere colmata o controllata nel corso dell'anno, potrebbe creare grandi disagi.

Il vantaggio di cui si potrebbe godere durante un periodo di inflazione è che chi incassa moneta, nonostante la sua perdita di potere di acquisto, ne incassa ugualmente tanta perché sono stati aumentati anche i prezzi.

Questa potrebbe ulteriormente tornare utile se si dovesse pagare un debito.

È vero che il valore nominale di esso rimarrebbe sempre quello, ma la moneta che si spenderebbe per ripagarlo varrebbe di meno.

L'inflazione si potrebbe definire vantaggiosa perché tende a non far attendere le persone nel procinto di fare acquisti, perché il prezzo potrebbe aumentare ulteriormente.

Per quanto riguarda la deflazione, che è l'opposto dell'inflazione, anche qui vi sono svantaggi e vantaggi.

Per quanto riguarda l'esempio del debito, esso con la deflazione diventa un problema perché così come quando c'è inflazione, il valore del debito reale diminuisce, in deflazione il valore del debito reale aumenta, e cioè diventa più difficile da pagare.

La deflazione comporta la diminuzione dei prezzi, però non conviene fare gli acquisti subito; piuttosto è meglio attendere che diminuiscano per poi comprare magari ad un prezzo ancora minore.

Questo fattore si può dire che non rende la deflazione proprio la preferita delle economie moderne.

Un vantaggio sicuramente si ha sui risparmi perché se si hanno dei soldi da parte e c'è deflazione, il valore di quei soldi aumenta nel tempo.

Stesso ragionamento si applica anche per chi ha dei redditi fissi (come la pensione), perché può acquistare tutto il necessario e più ad un prezzo decisamente minore.

Sono due grandi estremi, ma seguire una via di mezzo nella quale si escludono entrambe non sarebbe un bene, poiché il problema del debito è cruciale quindi solitamente si ritiene che la situazione ottimale sia un'inflazione a circa il 2%.

In questo modo i prezzi aumentano di poco e si ha tempo di adeguare gli stipendi, però al tempo stesso anche il debito totale diminuisce del 2% l'anno, che non è assolutamente un male per i consumi.

Mentre la deflazione è un bene per il risparmio, questo fa sì che al giorno d'oggi vi siano monete inflattive più adatte agli scambi e altre invece deflattive fatte per i risparmi.

Spesso la causa dell'inflazione è proprio la moneta di tipo fiat, che può essere distribuita senza limiti dalle banche centrali ai suoi cittadini.

Ovviamente queste non distribuiscono in maniera inappropriata per il tetto del 2% dell'inflazione che deve essere sostenuto ma non superato.

Un'altra cosa che può far aumentare l'inflazione è un aumento di guadagni, dunque di redditi. Perché più si guadagna, più si spende e più i prezzi aumentano.

Ed è proprio per questo motivo che sono nate le monete deflattive, come Bitcoin, la cui distribuzione in realtà non aumenta nel corso del tempo, ma diverse di queste monete spariscono dalla circolazione dopo un po', lasciando spazio all'introduzione di nuove.

Come già spiegato, il numero di Bitcoin in circolazione diminuirà fino a fermarsi, ma quello degli euro in circolazione farà l'esatto contrario aumentando, proprio perché la banca centrale d'Europa vuole mantenere il tasso di inflazione fermo al 2% qualsiasi cosa accada.

Per ricapitolare, le monete fiat sono inflattive e sono tali proprio perché vengono emesse da una banca che ha tutto l'interesse che lo siano.

Sono monete inoltre ideali per gli scambi commerciali e favoriscono i mercati di consumo.

Le monete deflattive sono invece limitate nel numero e nella distribuzione e sono ideali per il risparmio.

Queste mutano il loro prezzo molto facilmente perché sono proprio caratterizzate dalla volatilità.

E' VERO CHE L'ORO NON SEMPRE BATTE L'INFLAZIONE

L'oro è considerato il bene di rifugio per eccellenza, perché si dice che nel corso del tempo non perde mai il proprio valore, ma se si va a controllare il calcolo della variazione del valore dell'oro nell'arco del tempo, cioè degli anni o dei decenni, si scopre che ad esempio è noto che a causa dell'inflazione, le tradizionali monete fiat come l'euro o il dollaro, perdono di valore perché perdono potere d'acquisto.

La domanda che sorge spontanea è "*che fare se anche all'oro accade una cosa simile*?", cioè chiedersi come varia nel corso degli anni il potere di acquisto dell'oro ovvero il suo vero valore. Detto in altre parole: l'oro batte l'inflazione nel corso del tempo oppure no?

> C'è uno studio che rivela quanto segue tra il 1979 e il 2017, dunque fondamentalmente negli ultimi 40 anni, e osservando i cicli quinquennali, cioè di cinque anni in cinque anni l'oro ha sovraperformato l'inflazione solamente nel 45% dei casi, cioè più della metà del ciclo quinquennale tra l'anno 1979 e il 2017.
>
> Il valore dell'oro è aumentato meno dell'inflazione.
>
> In altri termini non è vero che l'oro non perde mai il proprio valore ma è vero che ogni tanto aumenta e ogni tanto diminuisce anche nei confronti dell'inflazione e quello che conta pertanto è la media nel corso del tempo.

Quando il prezzo dell'oro sale, diventa più profittevole produrlo, cioè estrarlo, quindi quando il prezzo dell'oro aumenta, tende poi ad aumentarne anche la produzione e l'immissione sul mercato.

Perciò, se il prezzo dell'oro sale poi, come conseguenza, se ne riduce la scarsità e questo tendenzialmente poi sul lungo periodo porta ad una ridiscesa del prezzo dell'oro e per così dire un aumento sostenuto della produzione.

Se si osserva un grafico che mostra il prezzo dell'oro al netto dell'inflazione, si può notare che in alcuni momenti, il prezzo dell'oro va molto in alto ma poi dopo tende a riscendere, proprio perché quando ci sono questi picchi probabilmente causano un aumento della produzione.

Questo aumento della produzione in seguito favorisce lo scendere del prezzo dell'oro.

Questo grafico funziona in questa maniera:

> Prende come riferimento il valore 1, ad aprile del 1968, e poi calcola quale il tasso di crescita fino all'aprile del 2000.
>
> Dunque nel corso di 32 anni il prezzo dell'oro al netto dell'inflazione è aumentato solamente di circa il 50%.
>
> Quindi poco più dell'1% all'anno nel corso del tempo.

Poi di lì si è innescata una nuova corsa in salita che lo ha riportato molto in alto ed è stata seguita da una nuova discesa, probabilmente dopo la crisi tra il 2008 e 2009.

Adesso è di nuovo in crescita però c'è da aspettarsi che se crescerà di nuovo tanto, potrà nuovamente scendere nella maniera in cui si è visto dal grafico.

Il prezzo dell'oro non sale tutti gli anni più dell'inflazione; vi sono dei periodi della durata di diversi anni in cui sale molto di più dell'inflazione, ma ci sono dei periodi così come vi sono momenti in cui scende.

Questo è un meccanismo che va avanti continuativamente, quindi c'è una tendenza alla crescita che però se spalmata su diversi anni è molto contenuta.

Questo con Bitcoin non può avvenire perché la produzione di Bitcoin (anche se sarebbe più corretto chiamarla estrazione di Bitcoin) non varia.

Quando il picco varia, vale di più ma non si producono più Bitcoin.

L'estrazione di Bitcoin è indipendente dal prezzo, perché viene creato dal protocollo informatico che è virtualmente immodificabile e stabilisce che ne venga creata una certa specifica quantità ogni 10 minuti e basta.

Varia solo una volta ogni quattro anni quando viene dimezzato il tasso di inflazione su di esso.

Quindi se l'oro quando aumenta di prezzo, in qualche modo favorisce un aumento della produzione, cioè dell'estrazione, che fa scendere il prezzo, questa dinamica con Bitcoin non è possibile perché l'estrazione di Bitcoin è fissa e semplicemente ogni quattro anni si dimezza.

In altre parole, Bitcoin è stato progettato per difendersi meglio dall'inflazione rispetto all'oro, che non è stato progettato ma estratto dalle miniere e, in seguito, messo sul mercato.

Bitcoin invece è stato progettato e fatto apposta per essere più resistente all'inflazione di quanto non lo sia l'oro.

Nei quasi undici anni di esistenza di Bitcoin, questo ha già dimostrato che in effetti la sua crescita di valore nel corso del tempo è ben superiore a quella media dell'oro.

Non è detto che per forza di cose questo significa che andrà avanti così, però, poiché alla base di Bitcoin c'è una progettazione che fa sì che sia potenzialmente una risorsa ancor meglio attrezzata dell'oro per resistere all'inflazione, fa sì che si possa immaginare che in teoria questa lotta di Bitcoin all'inflazione nel corso del tempo possa anche continuare ad essere migliore rispetto a quella dell'oro.

L'indice di scarsità di Bitcoin cioè il rapporto tra scorte e produzione diventerà più o meno simile a quello dell'oro circa nel 2024.

Secondo questo rapporto per quanto riguarda Bitcoin, diventerà molto più raro dell'oro.

Il ragionamento in oggetto riguarda solo il lato dell'offerta del mercato, poi però il prezzo è fatto non solo dall'offerta ma anche dalla domanda, quindi perché tutto ciò provochi un aumento del prezzo, e quindi l'aumento del valore di Bitcoin, servirebbe che dall'altro lato la domanda di mercato perlomeno rimanesse costante o aumentasse.

Se invece la domanda di Bitcoin sul mercato nel corso dei prossimi anni, o decenni, rimanesse costante o aumentasse, allora Bitcoin dovrebbe realmente resistere all'inflazione ancor meglio dell'oro.

DIFENDERSI DALL'INFLAZIONE COL BITCOIN

L'inflazione è definita come l'aumento prolungato del livello medio generale dei prezzi, quindi inflazione significa aumento dei prezzi.

La conseguenza dell'aumento dei prezzi è la perdita del potere d'acquisto della moneta.

Da ricordare l'esempio dei risparmi in banca, che perdono potere d'acquisto anche se il loro valore nominale è sempre lo stesso.

In altri termini più aumentano i prezzi e meno la moneta ha potere d'acquisto.

Spesso questa è una conseguenza diretta della svalutazione di una moneta, e quest'ultima avviene per mano delle banche centrali, che finiscono per diminuire il valore della moneta semplicemente distribuendone troppa.

L'eventuale soluzione che vede Bitcoin come protagonista, fa considerare più fattori. Innanzitutto questa è una moneta creata per essere decentralizzata e quindi non ha una banca che ne possa produrre più di quanto è il limite e finire per svalutarla.

Infatti è il protocollo informatico di Bitcoin a decidere una quantità, e quella è indiscutibile finché non ne verranno più emessi.

Bitcoin non è una moneta inflattiva e non si svaluta (come detto in precedenza).

Anche se non c'è la certezza assoluta che questo accada sempre, vi sono buone probabilità in quanto lo storico dei valori medi di Bitcoin sembra confermare un livello del prezzo sempre in considerevole aumento.

Bitcoin inoltre viene emessa solo ed esclusivamente come decide il protocollo, pertanto non si può speculare sulla sua emissione, dato che il valore è mutabile solo dal protocollo.

Esattamente il contrario accade, invece, con le banche centrali che possono decidere, per mantenere l'inflazione al 2%, di svalutare la moneta emettendone troppa.

Ovviamente è tutto da vedere ed è bene ricordare che il comportamento del prezzo del Bitcoin non si può prevedere ma si può solo supporre.

Quindi, per quanto riguarda i risparmi o i redditi fissi, questi sarebbe meglio che venissero arbitrariamente trasformati in valuta fiat durante i periodi di forte inflazione, per evitarne la perdita di potere d'acquisto.

CONCLUSIONI

Il **trading** è un'opportunità per chiunque voglia crearsi una rendita extralavorativa o per chi addirittura voglia mollare il proprio lavoro e fare questa attività a tempo pieno.

La scelta della giusta strategia deve essere fatta in maniera consapevole dalla persona sulla base delle sue emozioni e sulla base della sua attitudine al rischio.

Questo è l'unico modo per essere profittevoli sul lungo periodo.

La conoscenza globale è imprescindibile, ma poi la differenza fra un trader vincente e uno perdente la fa la strategia e la testa.

Non cercare di strafare nel voler dimostrare di essere un veggente o nel voler battere il mercato.

Se avrai questo tipo di approccio perderai solo soldi.

Fissati degli obiettivi a breve, medio e lungo termine, stabilisci un piano e non deviare mai da esso per nessuna ragione al mondo. In bocca al lupo!

www.ingramcontent.com/pod-product-compliance
Lightning Source LLC
LaVergne TN
LVHW051107051026
849532LV00004BB/1462
* 9 7 9 8 2 1 5 9 3 7 1 8 1 *